새벽 저녁 혹은 밤

야스미나 레자 지음 · 최정수 옮김

옮긴이 · 최정수
연세대학교 불어불문학과 및 동대학원을 졸업하고
전문번역가로 활동 중이다.
『연금술사』『오, 자히르』『단순한 열정』『숨쉬어』『화가들의 천국 물랭루주』
『황금붓의 소녀』『악마의 개』『오를라』『한 달 후, 일 년 후』
등 많은 책을 우리말로 옮겼다.

새벽 저녁 혹은 밤
야스미나 레자 지음

·

초판 1쇄 발행일 2008년 2월 11일

·

옮긴이 · 최정수
펴낸이 · 김종해
펴낸곳 · 문학세계사

·

주소 · 서울시 마포구 신수동 345-5(121-110)
대표전화 702-1800 팩시밀리 702-0084
mail@msp21.co.kr www.msp21.co.kr
출판등록 · 제21-108호(1979.5.16)
값 9,000원

ISBN 978-89-7075-419-2 03860
ⓒ문학세계사, 2008

L' aube le soir ou la nuit
by
YASMINA REZA

titre original : L'aube le soir ou la nuit de Yasmina Reza
ⓒ Yasmina Reza, Flammarion, Albin Michel, 2007.

Korean Translation Copyright ⓒ 2008 by Munhak Segye-Sa.
Korean edition is published by arrangement with Flammarion S.A.
through PK Agency, Korea

본 저작물의 한국어 판권은 PK Agency를 통해
Flammarion S.A.와의 독점 계약으로
문학세계사에 있습니다.
한국 내에서 저작권법에 따라 보호를 받는 책이므로
무단 전재와 무단 복제를 금합니다.

G.*에게

*G.가 누구인가에 관해 혹자는 전형적인 엘리트 출신 정치인이며 2003년 미국의 이라크 침공 당시 유엔에서 감동적인 반전 연설을 하여 국제적 주목을 받았고, 일명 '클리어스트림 사건'이라고 불리는 사르코지 음해 사건에 연루되어 압수수색을 받은 전前 프랑스 총리 도미니크 갈루조 드 빌팽(Dominique Galouzeau de Villepin)일 거라고 추측하고, 혹자는 재무부 장관을 지냈고 현 IMF 총재인 도미니크 스트로스 칸(Dominique Strauss-Kahn)일 거라고 추측하고 있다. 도미니크 스트로스 칸은 세골렌 루아얄에게 밀려 사회당 대통령 후보 경선에서 탈락했다. 프랑스 주간지 《르 푸앵》은 "레자가 말한 G는 종종 'DSK'로 불리는 올해 58세의 스트로스 칸일 가능성이 크다"고 전했다. 《선데이 타임스》는 야스미나 레자의 다음 저서 주인공은 스트로스 칸이 될 가능성이 높다고 보도하기도 했다. —옮긴이

새벽 저녁 혹은 밤

인간이 고독하다는 것은 몽상이다. 인간이 고독하다는 것은 환상이다. 우리는 우리 인간이 상징적인 고독에 처해 있다고 생각하지만, 실은 짐짓 고독한 척할 뿐이다. 말하자면 속임수다. 우리는 인간을 야수라고 부르고, 야수는 고독하다. 인간은 확실히 야수이다. 자기들이 만든 투기장鬪技場 속에 갇힌. 또한 그들은 길들여진 가축이기도 하다.

우리가 처음 만난 보보 광장의 사무실(프랑스 내무장관실, 작가 야스미나 레자는 2006년 6월부터 2007년 5월 6일까지 당시 내무장관이던 사르코지의 대통령 선거운동 일정을 뒤쫓았다—편집자)에서 니콜라 사르코지는 친절하고 섬세한 태도로 내 이야기를 경청했다. 내가 처음에 느낀 바에 따르면 그랬다. 내가 느낀 그의 특징이 또 한 가지 있었는데, 그것은 성급함이었다. 그는 내가 자신의 인물됨에 대해 궁금해하는 것을 알아차리고 그 사실을 '영광'으로 여겼다. 그는 나에게 그래서 자신을 따라다니며 취재를 하려는 거냐고 물었다. 나는 그렇다고 대답했다.

나중에 나는 어느 카페에서 내 친구 마르크를 만나 사르코지에 대해 이야기할 기회가 있었다.
마르크가 말했다.
"어쨌거나 너는 그의 인물됨을 꾸며내게 될 거야. 작가들은 세상을 자기들의 욕망에 끼워 맞추려 한다는 점에서 독재자들과 공통점이 있어."
나는 맞는 말이라고 대답했다.

풍경도 기억나지 않고, 도시에 대한 기억도 없다. 꽤 오랫동안 나는 아무것도 보지 못했다. 장소에 대한 기억도, 그에 대한 기억도 별로 없다.
다시 말해 그날의 여정은 내게 특별한 인상을 남기지 않았다. 함정, 갈림길, 창고들, 회의실, 회의실에서 보낸 많은 시간. 주전부리가 끊임없이 나왔다. 임시로 만든 분장실에는 말린 자두, 초콜릿, 과일 젤리가 있었다. 사르코지는 끊임없이 주전부리를 해댔다. 빠른 속도로 우물거리고 삼켰다. 나는 그가 다리를 전다는 사실과 음식을 퍽이나 빨리 먹는다는 사실에 주목했다.

아장에서 열렸던 회의 후, 그는 옷을 갈아입으면서 여러 번 되뇌었다. "그들은 근로시간을 단축하길 원해. 우리는 구매력을 높이기를 원하고." 그는 6천 명의 청중 앞에서 연설을 하면서 이미 그 말을 했다. 철야 작업을 할 때도, 저녁 식사 때도, (심각한 테스트라도 치르는 듯하고 다소 우스꽝스럽게 여겨지는) 진지한 어조로 비서진에게 그 말을 했다. 그는 굳이 설득할 필요가 없는 사람들에게까지도 그 말을 여러 번 되풀이해 말했다. 그는 즐거운 표정으로 셔츠를 갈아입으며 그 문장의 단어들을 되풀이했다. 아직은 의심쩍은 태도로, 사람들이 자기 말에 찬동해주기를 바라는 어린아이 같은 기대감을 보이며.

앙드레 글룩스만(André Glucksmann, 1937~, 68세대를 대표하는 프랑스의 철학자. 《르 몽드》에 기고한 글에서 좌파가 주요한 이슈에 맞서기보다는 자아도취에 빠져 있으며, 사르코지가 프랑스의 인도주의 전통을 더 충실히 대변한다면서 사르코지 지지를 선언했다—옮긴이)이 유럽의 미래, 정력적인 대중정치 그리고 아프리카의 비극에 관해 천천히, 현학적인 어조로, 각각의 사항마다 이십오 분에 걸쳐 질문하는 동안, 사르코지는 소파에 몸을 깊숙이 파묻고 상반신을 인내심 있게 지탱한 채 두 다리를 몇 번이고 벌렸다 오므렸다 했다.

7월 14일, 가든파티가 끝난 후 그는 크리스티앙 클라비에(Christian Clavier, 1952~, 프랑스의 배우. 1970년대부터 활동을 시작해 40여 편의 영화에 출연했다―옮긴이)를 포옹했다. 두 남자는 마치 배우들 같은 몸짓으로 서로 얼싸안았다. 자기들이 서로 사랑한다는, 세상 사람들 앞에서 당신을 내 친구로 공표한다는 기쁨에 열광하여. 내가 세계 곳곳에서 수천 번은 본 포옹이었다. 배우들이 자신의 연기와 초인적인 열정에 도취했을 때 만면에 웃음을 띠면서 공개적으로 하는 그런 포옹.

사르코지는 그 포옹 직후 로마에서 가져온 검은 배낭에 넥타이를 쑤셔넣으며 나에게 말했다.

"당신 저기에 누가 있는지 봤습니까? 봤어요?"

"아뇨……"

"마티아스의 부모가 있었어요."

마티아스?……

"마티아스는 최근에 강간치사를 당한 소년입니다."

전날 앙드레 글룩스만 그리고 파스칼 브루크너와 함께 외국 정치에 관해 대담할 때, 사르코지는 마티아스 사건을 넌지시 언급했다. 언제였는지 잘 기억은 안 나지만 나에게도 마티아스에 대해 이야기한 적이 있다. 마티아스의 부모, 마티아스의 부모가 거기에 있었다. 나는 점잔을 빼며 고개를 끄덕였다. 달리 어떻게 할 수 있었겠는가?

사르코지의 책 『증언』을 덮고 시사 주간지 《르 푸앵》을 뒤적거렸다. 그에 대한 기사와 사진들이 실려 있었다. 그는 그 사진들을 직접 고르고 기자에게 설명했을 것이다. 그를 실제로 만나보기 훨씬 전부터 나는 그의 어린 시절 모습에 깊은 인상을 받았다. 유년기의 그는 똑똑했고 어른처럼 양복을 입고 넥타이를 맸다. 양복과 넥타이는 유년기의 소년들이 흔히 하는 차림새가 아니다. 잘은 모르지만 어린아이가 양복을 입었으니 사람들의 눈에 쉽게 띄어 행동하기가 무척 조심스러웠을 것이다. 또래의 아이들처럼 깔깔대며 웃지도 못했을 것이다. 어쨌거나 나는 유년기 후반의 그의 모습이 퍽 우아했다고 생각한다. 피에르 샤롱에게 그렇게 말했더니 그는 이렇게 응수했다.

"그래요, 사르코지는 우아합니다. 그는 얼마 전에 디오르로 돌아섰어요. 전에 랑방 옷을 입을 때는 소매를 줄이는 등 자잘한 수선을 해야 했습니다. 랑방은 인기 있는 브랜드이긴 하지만 그에게는 디오르가 더 잘 맞지요."

팔라바스 레 플로 시청. 연설을 하기에 앞서 청중에게 자신을 소개하는 진행자의 말을 경청하는 사르코지를 관찰하면서, 나는 마치 한 소년을 보는 듯한 인상을 받았다. 그는 두 손을 모으고 서서 얌전히 기다리고 있었다.

그의 책을 출간한 출판사 편집장 베르나르 픽소가 차 안에서 중얼거렸다.

"사르코지는 많이 변했어요. 요즘 자기 자신에 관해, 자신이 누구인가에 관해 숙고하는 것 같더군요. 바쁜 일정 가운데 잠시 멈춰 서서 그런 생각에 잠기는 것은 쉬운 일이 아닙니다. 행동가에게는 더욱 그렇죠. 나도 그렇게 할 때가 있기는 해요. 하지만 그렇게 하는 이유가 뭔지는 잘 모르겠습니다. 어쨌든 사르코지는 많이 발전했어요. 그는 밀도를, 진정성을 획득했어요(사르코지의 측근들은 나에게 거리낌 없이 그를 칭찬하곤 한다). 나는 언제부터 그렇게 변한 거냐고 그에게 물었죠. 하지만 분명한 대답을 듣지는 못했습니다."

사르코지는 자주 이렇게 물었다. "괜찮아요, 야스미나?" 하지만 그 말이 실제로 뜻하는 바는 '나 괜찮아요?' 이다. "괜찮아요, 야스미나? 기분 괜찮아요? 당신 그 사람들 봤어요? 응?……"

해변을 따라 나는 비행기 안에서 군중과의 만남과 책 사인회에 대해 이야기하던 중 그가 말했다.
"당신도 알지 모르지만 그 사람들 무척 상냥해요. 세실리아(니콜라 사르코지의 두 번째 아내. 사르코지는 뇌이 시장 시절인 1984년 세실리아를 처음 만났고 1996년 각자의 배우자와 헤어지고 결혼하여 한동안 행복한 결혼생활을 하는 듯했으나 지난 2005년 별거기간 중 맞바람을 피우고 한때 결별 위기에 처하기도 했으며, 니콜라 사르코지가 대통령에 당선된 후 끝내 협의이혼했다―옮긴이)

에게 키스하라고 하는 사람이 얼마나 많던지!"
 내가 응수했다.
 "당신도 상냥해요."
 그는 내 말을 귀담아듣지 않고 흘려버렸다. 사람들이 그에게 다가왔던 것이다. 내가 이 사람들을 원망해야 할까?

 그가 이야기한 사람들이 옷을 잘 차려입고 언론사 건물 안으로 서서히 모여들었다. 여자들은 아름다운 드레스를 입고, 목걸이를 하고, 화장을 했으며, 한여름이지만 짧은 바지를 입은 남자는 거의 없었다. 그들은 두 시간 전부터 줄을 서서 기다렸다.
 사르코지가 말했다.
 "고맙소, 장 폴, 응? 자, 빨리 갑시다."
 나는 알랭을 재촉한 뒤 나 역시 발걸음을 빨리 했다.
 "당신 어머니를 보시오, 장 바티스트. (장 바티스트는 휴대폰을 거꾸로 쥔 채 사진을 찍으려고 애쓰고 있었다) 안 그러면 우리가 욕을 먹을 테니. 선생, 나는 당신이 감탄스럽소. 아, 말다툼할 생각은 없어요. 당신은 마치 성녀 같은 눈으로 그 말을 하더군요. 나쁘지 않았습니다. 당신은 성공했어요. 우리는 마리 앙주를 공략할 겁니다."
 밖으로 나오니, 익숙지 않은 정오의 태양이 길에 내리쬐고 있었다. 사람들이 사르코지의 책을 펼쳐들고 그의 앞에 대고 흔들었다. 사르코지는 책 몇 권에 더 사인을 해주었다.
 사람들. 연속적으로 등장하는 이름들. 목소리들, 잊혀진 손길들.

책 사인회를 마치고 돌아가는 비행기 안.

"여성들이 더 많이 왔더군요. 그녀들은 퍽이나 호의적이었어요! 그 모든 것 덕분에 베르나르 픽소가 으쓱해했지!"

우리는 웃었다. 각자 오전나절의 이 성공을 자축하고 서로 축하했다. 아주 좋았다고 되풀이해 말할 필요가 있었다. 방금 일어난 일에 대한 기억이 증발하여 사라지기 전에 되풀이해 말해야 했다.

내가 이 책을 쓰도록 영감을 준 사람이자 대통령직에 대한 야망을 키우고 있는 G.는 나에게 이렇게 말했다.

"자신의 삶을 장악해야 합니다."

나는 택시에 올라 운전사에게 말했다.

"보보 광장으로 가요, 내무부로요."

운전사가 대꾸했다.

"오, 이런! 당신이 아랍 사람인 나를 사르코지에게 데려가네요!"

사르코지가 내무부 회의를 시작했다. 그는 자리에서 일어서서 서성댔다.

"내 이름으로 보내는 안부 편지에 서명을 넣지 말아요! 그런데 그

안부 편지 누가 썼지? 안부 편지를 쓰는 것은 시골뜨기들이나 하는 짓이야. 내 이름으로 보내는 열성적인 안부편지라, 그건 사회보장 제도보다 더 나빠! 내 이름으로 보내는 열성적인 안부편지라니! 믿을 수가 없는 일이군. 편지 한 통에 서명을 넣으니 차라리 모임에 세 번 참석하도록 스케줄을 짜봐요!'

뤽 봉디(Luc Bondy, 1848~, 스위스 태생의 배우·시나리오 작가·연극 연출가. 청소년 시절을 프랑스에서 보냈으며, 이후 독일을 중심으로 유럽 각지에서 여러 편의 연극을 연출했다―옮긴이)의 책을 보면 "지나칠 정도로 솔직하게 죽음으로 이끌리는"과 같은 난해한 구절이 등장한다. 책의 좀더 앞부분에서 뤽 봉디는 사르코지가 "지나치게 살고 있다"고 썼다. 지나치게 살고 있다는 게 대체 무슨 뜻일까? 뤽 봉디는 항상 모순적인 것을 글로 썼던 것 같다. 혹은 모순적인 것들 때문에 글을 썼는지도 모른다. 세상의 단조로움 때문에, 공허함 속으로 추락하는 순간들 때문에, 세상이 잘못되었다는 느낌 때문에 말이다. 뤽 봉디는 자기 책에서 사르코지의 성급함에 대해 여러 번 칭찬했다. 좀더 앞부분에는 사르코지의 욕망에 대해 많이 썼다.

회의를 진행하는 동안, 사르코지는 시가를 입에 문 채 왼쪽 다리를 테이블 위에 올리고 오른쪽 다리를 움직이면서 협력자들의 발언을 차례로 경청했다. 사르코지는 설명이 조금이라도 길어지면 참지 못했다. 논지를 길게 전개하는 것도 쓸데없는 것으로 여겼다. "좋아요,

좋아. 그래서 결론이 뭐요?"

　도지사들과 함께 이민법에 대한 회의를 할 때, 사르코지는 도지사들을 향해 격렬한 어조로 말했다.
　"내 지시를 조롱한다고 여겨지는 도가 열두 곳 있습니다. 정부의 정책을 따르기 싫다면 직업을 바꾸십시오. 이것은 좌파냐 우파냐 하는 문제가 아닙니다. 이것은 법률의 문제예요."
　정책들에 대한 초반의 의견서들에 사르코지는 이렇게 썼다. "그렇게 진행하기로 했다. 그 정책은 새로운가? 아니면 관례적인가? 나는 모르겠다."

　이반이 말했다.
　"도지사들과의 회의는 언제나 좋지 않은 분위기로 끝납니다. 프랑스는 공직자들의 권한에 한계가 없어요. 어떤 공직자가 사임한다면, 그건 병이 들었거나, 늙었거나 아니면 패배했기 때문입니다. 그런 식으로 자기 자리를 떠나지요."
　정치판에서 '박수 칠 때 떠나는' 일이란 존재하지 않는다.

　언젠가 나와 함께 사랑의 쟁취라는 주제로 이야기할 때 내 친구 마르크는 이런 말로 결론을 맺었다. "한 번의 실패는 마흔 번의 성공만큼 가치가 있다. 실패는 앞으로 일어날 일을 예고해준다."

대낮에 로잔에서 길을 가는데, 육십대 여성 한 명이 점잖은 표정으로 버스 정류장에 앉아 있었다. 여름날이었고, 길에는 사람이 많지 않았다. 아마도 늘 그런 것 같았다. 나지막한 건물들이 늘어서 있는 조용한 길이었다. 옷을 잘 차려입은 그 여성은 반듯하고 원기왕성해 보였다. 그녀는 점잖게 버스를 기다리고 있었다. 아마도 친구 집에 가려는 것 같았다(나는 잘 정돈되어 있고 조금 어두운 스위스의 아파트를 상상해보았다). 친척집 혹은 딸이나 아들집에 점심 식사를 하러 가는지도 몰랐다. 그녀는 자신의 삶을 장악하고 있었다.

G.가 말한 "자신의 삶을 장악한다"는 것은 바깥에서 자신의 삶을 바라보는 것을 의미한다. 우리는 아무 일도 일어나지 않는 곳에 혼자 앉아 뭔가를 기다리는 사르코지의 모습을 상상할 수 있을까?

내가 관찰하고 있는 그 사람, 친근하게 이름을 부르기가 아직 불편하게 느껴지는 그 사람은 아마 그러지 않을 것이다(그가 어떤 성향을 가졌는지 퍽이나 확연하게 느껴진다). 몇몇 영상과 사진들이 사람들과 떨어져 혼자 있는 그의 모습을 보여준다 하더라도 말이다.

여름 동안 나는 그와 떨어져 지냈다. 그를 먼발치에서 보거나 신문, 잡지 혹은 텔레비전에서 보았다. 프랑스2 텔레비전 방송이 런던과 아라송에 있는 그의 모습을 보여주었다. 그는 조금 침울해 보였고, 논쟁하기 좋아하는 사람답지 않게 한풀 꺾여 보였다. 그의 재치는 과장되어 있었고, 가설들 위에서 위험하게 줄타기를 했다. 그때 (그리고 미래에도?) 그가 경쟁해야 할 대상은 미소와 빛나는 공격성이었다.

호르헤 루이스 보르헤스라면 사랑의 고통에 관해 매우 아름다운 글을 쓸 것이다. 사실 그의 글은 별로 감상적이지 않고, 사랑을 주제로 한 작품도 많이 쓰지 않았지만 말이다.

보르헤스의 작품을 보면 검, 단도, 온갖 종류의 칼이 날아다니는 가운데 사랑에 관한 구절 몇 개가 교묘히 삽입되어 있다.

> 우리가 잃어버린 것만이 우리의 것이다.
> 우리를 버린 여자들,
> 괴로움만 줄 뿐인 기다림을 낯설어하는 여자들,
> 희망이 부여하는 근심과 공포를 낯설어하는 여자들이 우리의 여자들이다.
>
> (……)
> 나는 불확실성으로, 위험으로, 좌절로 당신을 속박하려 한다.

시인들에게는 시의 적절하지 않은 법칙들을 따를 특권이 있다. 그들이 따르는 법칙들은 논리적이지 않고 명확하지도 않다. 그러나 그 법칙들은 쉽게 설명할 길 없는 진실에 봉사한다.

나는 이 책에서 바로 그러한 법칙들을 따를 것이다.

뉴욕.

'54번 소방차 4번 사다리' 소속의 막사는 마치 장난감처럼 보인다. 하얀 타일을 붙인 넓은 벽에는 농구할 때 골을 넣는 그물망이 붙어 있다. 2001년 9월 11일 이 막사의 소방관 열다섯 명이 인명 구조 작업 도중 세상을 떠났다. 비현실적으로 느껴지는 붉은 소방차를 보니, 왠지 모르지만 사르코지의 어릴 적 사진 한 장이 연상된다. 사진 속의 그는 1950년대의 작은 경찰차를 손에 쥔 채 어린아이다운 서투른 미소를 지으며 자신이 받은 선물을 사람들에게 보여주고 있다. 소방서에서 열린 이 추모행사에서 사르코지는 짧은 연설을 했고, 강한 액센트로 브루스 스프링스틴의 〈불 속으로〉와 〈당신의 힘이 우리에게 힘을 주기를, 당신이 믿음이 우리에게 믿음을 주기를〉의 가사를 인용했다. 뉴욕 소방관들에게 명예 메달을 수여하는 동안 그의 옆에는 열 살짜리 어린아이가 서 있었다. 그 아이는 키가 거의 사르코지만큼이나 컸다. 아버지를 잃은 고아, 침묵하는 영웅들. 그 길지 않은 시간 동안 사르코지는 사람들이 시키는 행동들을 했다. 그들은 뽐내러 온 이 외국 장관에 대해 아무것도 몰랐다.

사르코지의 표정이 어린아이 같다고 내가 말하자, 사르코지의 측근들은 깜짝 놀라 나를 바라보았다.

피에르 호텔에서 점심 식사를 하면서, 나는 내 맞은편에 앉은 사르코지의 대변인 한 명에게 이 책에 대한 내 계획을 설명했다. 내가 말했다. 나는 권력이나 정치에 대해, 혹은 현재의 정치 양상에 대해 글을 쓰려는 것이 아니라고. 나는 시간의 흐름에 맞서기를 원하는 한 인간을 관찰하고 싶다고. 이렇게 말해도 좋을지 모르지만 니콜라(마침내 내가 그의 이름을 불렀다!)는 이런 내 계획에 흡족해하고 고마워하는 것 같다고.
그 대변인이 격의 없는 어조로 농담을 했다.
"그 말을 듣고 나니 당신이 어떤 사람인지 느껴지네요. 나도 당신에 대해 책 한 권 쓸 수 있을 것 같습니다."
하지만 나는 그에게 격의 없이 농담할 기분이 아니었다.

같은 식사 자리에서 청소년에 대한 이야기가 나오자 니콜라가 말했다. 청소년들은 독립적이 되어야 한다고, 그럴 필요가 있다고. 하지만 독립적이기만 하고 남에 대한 배려가 없을 경우는 문제가 있다고, 타인에 대한 배려는 가장 중요한 덕목이라고.
특별히 두드러질 것은 없는 발언이었다. 이 발언들은 그가 말하는 것을 내가 직접 들었음에도 불구하고 일반적인 이야기가 아닌 내밀한 삶의 이야기처럼 느껴졌다.

내가 가방에서 수첩을 꺼내자, 니콜라가 웃으며 말했다.

"내가 한 말을 메모하려는 건가요?"

나는 당신이 아까 한 말을 메모하지 않을 수가 없다고 응수했다.

'허풍 떠는 사람.' 프랑스 영사관에서 중요 유대인 조직의 대표들을 만나고 있는 니콜라를 묘사하는 말이다. 이것 말고 다른 어떤 수식어를 고를 수 있을까? 아마도 니콜라가 옳을 것이다. 유대인들은 겸손이라는 덕목과는 관계가 없으니 말이다.

니콜라는 이렇게 말했다.

"미국과 이스라엘의 친구를 자처하는데도 여론조사 결과 내가 1위입니다. 나는 단순히 거들먹거리려고 이 말을 하는 것이 아닙니다. 나는 쉰한 살이고 침착합니다. 아무것도 이해 못 하는 바보 같은 기자들이 쓴 기사에 얽매이지 마세요. 프랑스의 엘리트 집단은 이스라엘이나 미국 사람들보다 더 나를 싫어합니다."

유대인들과의 만남 말미에, 자리에서 일어나기 전에 니콜라는 자신의 미래와 8개월간의 대통령 선거 기간에 대한 질문을 받았다.

"우리는 기도할 겁니다."

세계 유대인 대회 집행위원회 회장인 이스라엘 싱어가 말했다. 거기 모인 사람 중 키파(유대인 남자들이 기도할 때 머리에 쓰는 빵떡모자—옮긴이)를 쓴 유일한 사람이었다.

니콜라가 고개를 숙인 채 중얼거렸다.

"기도한다고요, 네……"

워싱턴의 재미 프랑스인 재단 사무실. 니콜라는 소파에 앉아 재미 프랑스 대사 장 다비드 르비트의 말을 경청했다. 그가 다른 사람의 이야기를 조급해하거나 대꾸할 의도 없이 조용히 경청하는 것을 본 것은 그때가 처음이었다. 아니나다를까, 잠시 후 그가 다리를 움직이더니 천천히 떨기 시작했다.

르비트는 상원의원인 오바마와 매케인 그리고 부시 대통령에 대해 이야기하고 있었다.

르비트가 말했다.

"부시는 텍사스 사람으로서 우정을 요청했습니다. 슈뢰더 전 총리는 그를 배신했고, 앙겔라 메르켈은 어떻게 행동해야 할지 잘 파악했죠. 앙겔라는 당신처럼 했습니다. 선거 전에 부시와 개인적인 친분을 쌓았어요. 당신도 알게 되겠지만 부시는 강하고 열정적인 사람입니다. 하지만 겉으로 보이는 그의 모습 뒤에는 큰 혼란에 빠진 한 남자가 있지요."

장 미셸 구다르(Jean-Michel Goudard, 1939~, 프랑스의 광고인. 세계적인 광고대행사 BBDO 재팬의 회장이며 2007년 프랑스 대선에서 니콜라 사르코지의 선거운동을 담당했다―옮긴이)는 니콜라에 대해 이렇게 말했다.

"사르코지는 도시를 좋아합니다. 시골은 좋아하지 않아요. 사람들을 만나기 위해 시골에 갈 뿐이지요. 그는 시골에 가야 합니다. 하지만 시골에 가는 것을 지긋지긋하게 생각해요! 일단 기차를 좋아하지 않습니다. 그는 자신이 싫어하는 것들을 글자 그대로 그냥 행할 뿐이에요. 만약 당신이 그와 이야기를 하고 싶다면 당신은 벌거숭이가 되어야 합니다. 그로 말하자면 짧은 팬티만 입고 돌아다닐 거예요. 사르코지는 내게 이렇게 말하더군요. '나는 있는 그대로의 나 자신이 좋습니다. 그런데 당신은 왜 나를 자꾸 바꾸려고 하지요?'"

사르코지와 오바마(Barack Hussein Obama, 1961~, 미국 일리노이 주 연방상원의원. 미국의 차기 대통령 후보로 거론되고 있다―옮긴이)가 서로 마주 보고 앉아 있다. 둘 다 앞으로 자기들의 조국을 이끌어갈 사람들이다.

사르코지가 말했다.

"우리나라의 통합 체계는 전혀 기능하지 못하고 있습니다. 프랑스에는 당신 같은 상원의원, 콘디 라이스나 콜린 파월 같은 장관들이 없어요. 내 적들은 미국에 안위를 맡기려 한다고 나를 비난합니다. 나는 오늘 아침 부시를 만났고, 오후에 당신을 만났습니다. 이것은 매우 중요한 의미를 갖습니다. 그래야 균형이 맞으니까요."

눈을 드니 에이브러햄 링컨, 마틴 루터 킹, 간디, J. F. 케네디가 혹인 음악가들과 함께 웃고 있는 모습이 보였다. 바라크 오바마의 호화로운 사무실 벽에 걸려 있는 그들의 모습은 미국의 정신 그 자체였다.

소피텔 호텔에서 기자회견이 열렸다. 한 기자가 그에게 물었다.
"무엇이 당신으로 하여금 조지 부시를 멀리하게 합니까?"
"내가 부시를 멀리한다고요? 부시는 두 번이나 미국 대통령에 당선되었는데요?"
그러나 홀 안에 모인 기자들 중 이 대답 속에 깃든 기지를 가늠하는 사람은 아무도 없는 것 같다. 프랑스 언론도 이 대답을 기사화하지 않았다.

좀더 빠르게, 멀리 나아가도록 하자. 한 장소는 다른 장소를 지워버린다. 두 장소는 같지 않다. 온갖 지명, 호텔, 지면에서나 보아온 장소들이 등장한다. 유엔, 워싱턴 국회의사당, 백악관, 달음박질하다시피 하여 복도와 사무실들을 지나간다. 서류 속에 적힌 스케줄대로 사람들을 만나 악수를 교환한다. 뉴욕에 번쩍 워싱턴에 번쩍한다. 이것이 그의 삶이다.

그는 자신의 책 『증언』에 이렇게 썼다. "오늘 세실리아와 나는 진심으로, 정말로 재결합했다. 우리는 틀림없이 영원히 함께 할 것이다." 나는 카트린 페가르(Catherine Pégard, 1954~, 프랑스의 정치 담당 기자. 《르 푸앵》의 편집장을 지냈으며, 사르코지가 대통령에 당선된 뒤 그의 고문에 임명되었다—옮긴이)에게 니콜라가 책 속에서 그 중요한 문제에 대해 그런 식으로 단언한 것이 이해되지 않는다고 말했다. 그런 식으로 자신을 노출하는 것은 위험한 행동이 아니냐고, 그런 행동은 자만의 발로가 아니냐고. 그녀는 놀라워하며 내가 너무 순진하다고 했다.

그녀가 말했다.

"그것이 얼마나 중요한 문제이든 간에, 진실은 현재에만 존재할 뿐이에요."

라스파이 대로에서 나는 에릭 뇌호프(Eric Neuhoff, 1956~, 프랑스의 작가. 1997년 앵테랄리에 상을, 2001년 아카데미 프랑세즈 소설대상을 수상했다—옮긴이)를 만났다. 그는 내가 하고 있는 일에 대해 사람들에게 뭔가 이야기를 들은 듯했다(아래의 몇 줄을 읽는 사람들은 내 행동방식에 놀랄 것이다).

에릭 뇌호프가 자신만만하면서도 친근한 어조로 말했다.

"그 일 하지 말아요, 야스미나."

내가 대꾸했다.

"당신은 내가 무슨 일을 하는지 잘 모르잖아요."

"그 일을 하지 말아요, 야스미나. 그들은 우리보다 강해요."

뇌호프와 헤어진 후, 나는 그가 한 말과 '강하다'는 단어에 대해 깊이 생각했다. 누군가가 가진 힘에 위협을 느끼려면, 그와 경쟁관계에 있어야 한다.

아니면 정서적으로 기가 꺾여야 한다.

나는 니콜라 사르코지 내무부 장관이 나보다 더 강하다고 생각하지 않는다.

나는 다음과 같은 말을 자주 들었다. "최고의 권력을 쟁취하려면……" 사람들은 '최고의 권력'에 대해 내게 자주 이야기한다. 프랑스 공화국의 대통령직을 최고의 권력으로 간주하는 그런 생각은 어디에서 왔는가? 그리고 최고의 권력이란 대체 무엇인가? 그 신분에 내재한 가능성들을 인정한다면 말이다.

처음에 나는 텔레비전에 나온 G.를 알아보지 못했다. 그는 '나는 ~하고 싶습니다' '나는 ~한 사람입니다' '나는 ~한 일에 가장 적합합니다' 등등의 말을 했다. 그는 어떤 주제에서건 끊임없이 '나'라고 말했다. 나는 그를 점잖고 비밀스러운 사람으로 알고 있었다. 그 때문인지 그가 그런 식으로 말하는 것을 듣고 있기가 괴로웠다.

"나는 울기 위해 침묵과 밤을 찾노라."

「르 시드」(프랑스의 극작가 코르네유가 1636년 발표한 5막짜리 비극—옮긴이)에서 여주인공 시멘이 한 말이다. 내가 관찰하고 있는 정치판 사람들은 그 반대를 원한다. 침묵도 밤도 절대 원하지 않는다. 눈물은 훨씬 더 적을 것이다. 그 무엇도 시간의 위력을 뛰어넘을 수는 없다.

로제르로 가는 비행기 안에서 니콜라는 자기 책의 판매부수를 알려주었다. 그가 말한 판매부수는 매우 적었다. 그는 세세한 데까지 관심을 기울이는 것 같았다. 내가 그렇게 말하자, 니콜라는 웃으며 시인했다.

"그래요, 병적일 정도죠. 나는 내 책의 판매부수와 반품부수를 체크합니다. 나는 명료한 것을 좋아해요. 부정확한 것을 보면 불안해지죠. 편집자가 판매부수와 반품부수를 매일 팩스로 알려줍니다. 괴벽인지도 모르죠. 말이 났으니 말인데, 부수를 확인하는 일은 마약과도 같답니다. 이따금 지역별 데이터를 요구하는 일까지 있다니까요!"

며칠 전, 그는 아내 세실리아와 함께 내가 대본을 쓴 연극 〈아르튀르 쇼펜하우어의 썰매 속에서〉를 관람하러 왔고, 비행기 안에서 그 작품에 대해 나에게 이야기하고, 우리의 대화를 듣고 있는 옆사람들을 위해 한 구절 외워서 인용하기도 했다. "나는 몸을 일으키려고 애쓴다. 내 몸이 그대의 몸을 향해 기울어지도록. 그대가 이 불분명한 움직임을, 아주 작은 각도의 기울어짐을 해독하도록……" 일반적인 눈으로 보면 거의 눈에 띄지 않을지 모르지만, 내게는 매우 중요한 구절이었다.

리외토르 드 랑동이라는 작은 마을의 광장. 넥타이에 군모를 쓴 시골 사람다운 옷차림을 한 사람들이 서른 명 가량 모여 있다. 앞치마를 두른 여자들도 있고, 어린아이도 몇 명 있다. 날씨는 화창하다. 니콜라는 사람들의 손을 꽉 잡고 포옹을 하며, 사람들은 그에게 다정스레 말을 건넨다. "당신을 위해 기도할게요." 그가 대답했다. "나쁠 것 없지요." 사르코지는 사인 요청에 응하고, 가족 단위로 나온 사람들과 함께 사진을 찍기 위해 포즈를 취한다. 사람들이 그에게 응원과 격려의 말을 잔뜩 늘어놓고, 그는 대답한다. "고맙습니다. 고마워요, 응?" 나는 그가 말끝에 자주 붙이는 '응?'이라는 감탄사에, 그 감탄사를 말하는 그의 방식에 조금 신경이 쓰였다. 그 감탄사는 구체적인 말보다 더 많은 의미를 내포하고 있는 듯한 느낌을 주었다. 대화에 응할 시간이 부족해서 미안해하는 것 같기도 하고, 가까운 접촉을 급격히 회피하는 것 같기도 했다. 나는 이 '응?'이라는 단어 속에서 유감을, 그 자신도 모를 어떤 것을, 혹은 그가 말할 수 없었던 어떤 것을 읽어내야 하는 걸까?

아니다. 그 말은 아무런 의미도 없는지도 모른다.

마을의 정육점 '롤로'를 떠날 때, 매우 상투적인 방식으로 그려진 당나귀 포스터를 가리키며 니콜라가 말했다. "저 당나귀 마음에 드는군요."

군중 속에서 한 남자가 말했다.
"이봐요, 한 잔 마시러 가겠습니까? 대통령이 되면 더 이상 마시러 가지 못할 테니 말입니다."

파리로 돌아가는 비행기 안에서 그가 두 마디 했다.
"나는 시멘 바디(Chimène Badi, 1982~, 알제리 출신의 프랑스 팝가수. 〈우리 사이에〉〈사랑한다고 말해줘〉라는 앨범을 발표하여 많은 인기를 끌었다—옮긴이)가 미치도록 좋아요."
"당신을 깜짝 놀라게 해줄까요? 나는 딕 리버스(Dick Rivers, 1946~, 프랑스의 가수. 1960년대부터 가수 활동을 하면서 30여 장의 음반을 발표했다—옮긴이)가 아직 끝장나지 않았다고 생각합니다."

다양한 화제로 이야기를 나눈 뒤, 그가 말했다.
"언젠가 쓰게 될 책에서 나는 야망을 가졌다면 해낼 수 있었을 것들에 대해 이야기하고 싶습니다."
그는 그런 식의 표현을 여러 번 했다. '내가 야망을 갖고 그것을 해냈다면'
2006년 10월 27일이었고, 우리는 하늘에 떠 있었다.

그가 계속해서 말했다.

"사실 야망은 최종 목표가 아닙니다. 야망도 변할 수 있어요. 나는 의심합니다. 사람의 성실성을 의심하는 것이 아니라, 삶 자체가 흐릿해지는 날이 올 수 있다는 가능성을 염두에 두는 것이지요."

그는 내가 야망과 욕망을 혼동하고 있다고 지적했다(그가 옳다. 하지만 모든 사람이 야망이라는 용어에 똑같은 의미를 부여하는 것은 아니다).

우리는 이때 처음으로 심도 있는 대화를 허심탄회하게 나누었다. 이때 그가 한 말들을 되새겨 이야기하고 싶다.

그가 말했다.

"야망은 욕망을 격한 흥분으로 변화시킵니다. 물론 나는 격한 흥분을 갈망할 때가 있습니다. 보세요, 나는 흡족하게 여길 만한 모든 것을 갖고 있습니다. 나는 당을 갖기를 꿈꾸었고, 당을 가졌습니다. 나는 훌륭한 팀원들과 일하기를 꿈꾸었고, 그런 팀원들을 가졌습니다. 나는 내게 유리한 때가 오기를 꿈꾸었고, 지금 그런 때를 맞이했습니다. 하지만 나는 흥분되지 않아요. 재미없는 일이죠. 마치 이미 대통령직을 따낸 것 같습니다. 마음이 예전 같지 않은 거지요."

"젊은 시절, 나는 무엇이든 할 수 있다고 생각했습니다. 상황이 받쳐주지 않는데도 무엇이든 할 수 있다고 생각했어요."

내가 하고 싶었던 말과 가장 가까운 말이다.

11월이 되었다. 하늘에서는 차가운 햇빛이 내리쬐고, 카메라들의 검은 물결과 마이크, 마이크 장치봉, 보안요원, 정부 관계자, 운전기사, 기술자, 신문기자들이 우스꽝스러운 몸짓으로 이쪽에서 저쪽으로 걸어가다가 멈추고 다시 걸어간다. 우리가 있는 곳은 빌팽트의 버스 차고다. 내가 보고 듣기를 원하는 사람은 내 손이 닿지 않는 곳에 있다.

시간이 조금 흘렀다. 마르세유 버스 방화 사건(2006년 10월 28일 벌어진 사건이다. 두건을 쓴 십대 세 명이 저지른 방화로 26세의 여성이 전신 60% 이상의 화상을 입고 혼수상태에 빠지면서 프랑스 전역이 충격에 빠졌다. 당시 총리였던 드 빌팽은 목격자의 신고를 촉구했고, 니콜라 사르코지 내무장관은 범인들을 반드시 추적해 처벌할 것이라고 밝혔다. 2005년에 일어났던 소요사태 1주년을 맞아 프랑스 전역에서는 버스 방화가 이어졌다. 방화가 최고조에 달한 27일 밤부터 28일 새벽까지 차량 277대가 불탔다—옮긴이)이 일어났고, 니콜라는 교통운송부 사무실에서 처벌 원칙의 절대성에 대해 이야기하고 있었다. 그때, 누군가의 휴대폰이 울렸다(끔찍스러운 멜로디였다).

"……열일곱 살이 되면 삶이 무엇인지와 죽음이 무엇인지 충분히 이해할 수 있습니다. 민주주의 체제는 보호받아야 합니다…… 여러분은 저 기계를 만든 사람을 칭찬할 것입니다. 저 기계는 누군가 나를 불러줬으면 하는 마음을 불러일으킵니다. 우리는 서로 대화를 해야 합니다. 우리는 공동의 취미들을 갖고 있습니다. 그렇습니다. 하지만 나는 여러분과 접촉할 선線을 완전히 잃어버렸습니다……"

그날 나는 밀란(Milan Kundera, 1929~, 체코의 작가. 1970년대에 조국을 떠나 프랑스에서 활동하고 있다. 메디치 상을 수상했으며, 『웃음과 망각의 책』 『참을 수 없는 존재의 가벼움』 『느림』 등의 작품을 발표했다—옮긴이)과 베라 쿤데라 부부와 점심 식사를 하면서 그날 아침 버스 회사 직원들과 함께 찍은 니콜라의 사진 두 컷을 보여주었다. 그들은 내 휴대폰에 저장된 그의 사진을 보고 무척 흥분했다. 나는 바로 이런 이유 때문에 쿤데라 부부를 좋아한다.

밀란은 니콜라를 알지 못하지만 나와 함께 그에 대해 이야기했으며, "상투성을 넘어서는 사람"으로 니콜라를 정의했다.

정신분석가인 장 피에르 윈터가 어느 저녁 식사 자리에서 단언했다. 이렇게 말해도 좋을지 모르지만 자기 고객 중에는 정치인이 한 명도 없다고. 그는 이렇게 말했다. "일반적으로 볼 때 그들은 행동가지요. 행동가들은 정신분석가를 찾는 일이 거의 없는 것 같아요."

나 자신을 위한 문장을 하나 써보겠다. "어제는 존재하지 않는다."

내 찬미자(나는 이런 표현을 죽도록 싫어하지만) 두 명과 어느 연회에서 마주쳤다. 화제는 내 근황에 대한 것으로 흘러갔고, 그들 중 한 명이 나에게 다음과 같이 말했다(나는 정신을 바싹 차려야 했다).

"매력적인 이 수행원에 대한 대책을 세워야 할 것 같아요. 정치계에서 우리의 야스미나에게 영향력을 행사하고 있어요."

다른 한 명이 맞장구쳤다.

"바야흐로 대책을 세울 때가 되었죠!"

내가 응수했다.

"당신들이 대체 어떻게 할 셈인데요?"

생 테티엔. 구름다리를 건너 회의 장소로 가는 동안 나는 그를 기다리고 있는 6,7천 명의 사람들을 보기 위해 몸을 숙여 아래를 내려다보았다.

그가 말했다.

"봐요, 당신은 런던에서 오 년, 뉴욕에서 이 년 살았죠. 하지만 생 테티엔에서 당신은 아무것도 아닙니다!"

돌아가는 길. 밤이다. 익숙한 사람들이 자동차에 올라탔다. 장관들, 의원들, 비서실 직원들, 차단기, 헤드라이트 불빛, 캄캄한 길, 공항. 이런 열거에 무슨 의미가 있을까?

우아리 부므디엔 공항 대기실에 키 작은 남자 두 명이 골이 진 벨

벳 소파에 비스듬한 자세로 앉아 있다. 그들은 다리를 꼬고 양손을 모은 채 앉아 있는데, 사진기자들 앞에서 푹 파묻혀 보이지 않도록 두꺼운 쿠션을 등뒤에 몰래 받치고 있다. 알제리와 프랑스의 국무부 및 내무부 장관인 야지드 제르후니와 니콜라 사르코지이다.

"여기 오니 한 가지 생각이 떠올랐습니다. 책에서 읽고 떠올린 생각이었죠. 바다에 가는 만원 버스들에 대한 생각이었어요. 그 바다에서는 태양이 더 밝게 빛나고, 물이 더 파랗고, 여자들도 더 아름답습니다. 내가 도착하자 사람들이 나에게 말합니다. 내가 비를 몰고 왔다고요. 그리고 나는 여자들과는 아무 일도 없어요. 내가 야스미나 앞에서 주름을 잡는군요. 문학은 중요합니다. 문학 덕분에 우리는 우리 자신의 조건을 뛰어넘어 발돋움할 수 있죠."

니콜라를 따라다니는 사람들이 무덤들을 짓밟고, 다리를 벌려 묘석을 뛰어넘었다. 그들은 십자가, 난간, 철책, 예배당의 울타리, 쇠를 녹여 만든 수많은 철책 장식들 사이를 뛰어다녔다. 그에게서 말 한 마디, 사진 한 장을 끌어내기 위해.
나중에 니콜라는 이렇게 말할 것이다. '나는 순교자들의 기념물 앞에서, 생 위젠 묘지에서 묵상을 했습니다.'

"나는 마치 프랑슈 콩테(프랑스 동부에 있는 주州. 15세기부터 합스부르크가家에서 영유, 스페인 왕의 지배하에 있었으며, 나이메헨 화약(1678)에 의해 루이 14세가 프랑스령으로 삼았다—옮긴이)에 있듯이 거기에 있었어요."

사진기자인 엘로디 그레구아르가 말했다. 그녀는 십 년 전부터 니콜라를 따라다니며 사진을 찍었다. 그녀가 이어서 말했다.

"그와 함께 수백 차례 여행하는 동안, 나는 내가 있는 곳이 어디인지, 지금이 몇 시인지조차 알 수가 없었어요."

라시다 다티(Rachida Dati, 1965~, 프랑스의 정치인. 현 법무부 장관. 모로코 출신의 일용직 노동자 아버지와 알제리인 어머니 사이에 12남매 중 둘째로 태어나 십대 때부터 화장품 판매원, 간호조무사 등으로 주경야독하여 고등법원 재판소 판사, 법원 검사 등을 거쳐 법무부 장관에까지 오른 입지전적 인물. 사르코지 정권의 신데렐라로 불린다—옮긴이)가 말했다.

"내 어머니는 모로코에 묻히셨어요. 나는 혼자 거기에 갈 때마다 고통스러운 심정으로 그곳을 떠나오죠. 나는 속으로 생각해요. '나는 어머니를 저기에 버려두었어. 내가 사르코지와 함께 일한다면 더 이상 고통을 느끼지 않을 거야.'"

밖에서는, 프랑스 공관의 정원에서 니콜라가 초대객과 카메라들을 향해 연설을 하고 있었다. 어둠에, 알제 만灣에, 순교자들의 기념물 주변에 둘러선 조명이 장식된 종려나무에 등을 돌린 채. 비는 그쳤다. 그가 연설을 마치자, 대사 부인이 때맞춰 비를 멈춰주신 하느님께 감사했다.

압델라지즈 부테플리카(Abdelaziz Bouteflika, 1937~, 현 알제리 대통령—

옮긴이) 대통령이 금빛 액자에 끼워져 하늘색 벽에 걸린 사진 속에서 자신의 공사가 대접한 양고기 구이를 나눠먹고 있는 우리를 바라보고 있다. 공사의 머리 한가운데에는 가르마가 인정사정없이 타져 있고, 붉은 빛이 도는 밤색 머리칼을 포마드를 발라 그 가르마 양쪽으로 빗어넘기고 있었다. 친근한 인상을 주는 희끗희끗한 콧수염 때문인지 테이블에 둘러앉은 모든 정부 각료들 사이에서 특히 그가 눈에 띄었다. 다음날 다시 그와 자리를 함께 하게 되었는데, 그의 머리 모양이 바뀌어 있었다. 확실히 그의 이마는 옆가르마를 타기에는 지나치게 넓었다. 그가 대담한 빗질로 아무런 생각 없이 머리카락을 한쪽 옆으로 빗어넘기는 것은 위험하다는 것을 충분히 납득할 수 있었다.
머리 색깔과 콧수염은 전날과 같았다.

사람들은 장미 꽃다발이 놓인 조그만 원형 테이블들을 기준점으로 하여 뿔뿔이 흩어졌다. 각자 소파에 자리를 잡고 앉았다. 그런 자세를 하고 있으니 내가 알고 있는 사람의 4분의 3이 퍽이나 낯설어 보였다. 양 옆에는 프랑스 대표단 다섯 명과 알제리 장관 네 명이 조용히 서 있었다. 우정 어린 마음으로 그 자리에 와 있는 장 피에르 엘카바흐(Jean-Pierre Elkabbach, 1937~, 알제리 태생의 프랑스 언론인—옮긴이)를 제외하고는 기자는 한 명도 없었다.
니콜라가 먼저 말문을 열었다.
"대통령님, 아주 원기왕성해 보이십니다."
"그렇습니다. 얼마 전에 치명적인 사고를 당했지만 후유증은 전혀 없어요. 이 직업에 종사하려면 체력이 강철같이 좋아야 해요."

"맞는 말씀입니다. 만약 제가 대통령이 되면 당신과 함께 일하는 행복을 누리게 되겠군요."

"하느님께서 허락하신다면요."

"제 미래는 유권자들에게 달려 있는데, 대통령님의 미래는 하느님께 달려 있군요."

압델라지즈 부테플리카는 온화한 사람이다. 그는 광택이 나는 회색 넥타이를 매고 있고, 무표정한 얼굴로 상대방의 말을 경청한다. 그는 속으로 동의할지라도 절대 그런 인상을 내보이지 않는다. 사람들은 그런 그의 모습을 보고 그가 높이가 조금씩 바뀌는 평행선을 따라가는 것을 즐긴다고 말할지도 모르겠다. 그는 니콜라를 '친애하는 친구'라고 부르고, 니콜라는 그를 '대통령님'이라고 부른다. 두 사람 다 미묘한 존경 표시의 문제를 잘 다루고 싶어한다.

"당신은 대담하고 성품이 꿋꿋해요. 아주 중요한 자질들이죠. 하지만 당신의 얼굴에는 고통이 엿보여요. 얼굴에 주름도 몇 개 있죠. 체중이 2킬로그램 정도 불어도 나쁘지 않을 겁니다."

"우리나라의 대통령은 임기 말기에 다다르고 있습니다. 하지만 저는 불안하지 않습니다. 저는 준비가 되었어요."

"친구, 당신은 시험을 통과할 겁니다. 열심히 공부했다면 실패한다 해도 불명예스러울 것이 없지요. 당신은 불안해할 이유가 전혀 없습니다. 이번에 잘되지 않는다 해도 다음번엔 잘될 테니까요."

"이번에 잘되어야 합니다."

"당신은 중요한 으뜸패를 갖고 있습니다. 바로 나이이지요."

대화가 중단되었다.

압델라지즈 부테플리카는 꼼짝도 하지 않고 그 침묵을 겪어냈다. 잠시 후 그가 대화를 다시 이어갔다.

"……누가 당신의 열정과 사기를 억누르겠습니까."

니콜라는 입을 다물었다. 그는 고개를 숙이고 바닥을, 자신의 발을 응시했다. 그런 다음 다시 알제리 대통령의 얼굴을 바라보았다. 알제리 대통령도 그를 마주 바라보았다.

카스파로프(Gary Kasparov, 1963~, 전前 세계 체스 챔피언. '연합시민전선'을 설립했으며 2008년에 치르는 러시아 대선 출마를 선언했다—옮긴이)가 **했던** 다음과 같은 말이 생각난다. "나는 아마도 크람니크(Vladimir Kramnik, 1975~, 러시아의 세계 체스 챔피언. 2006년 체스 컴퓨터 '딥 프리츠'와 승부를 겨룬 것으로 유명하다—옮긴이)를 이길 수 있을 것이다. 하지만 그럴 시간이 없다."

부테플리카 대통령과의 긴 대담이 진행되는 동안 내가 적어둔 메모 가운데 몇몇 구절이 눈에 띈다.

"……당신은 세계화를 시련이 아니라 도전으로 여깁니다. 세계화는 우리에게 시련입니다. 하지만 당신에게는 도전이군요."

"당신은 실수 없이 당신의 길을 가고 있습니다. 하지만 우정 어린 마음에서 말하는데, 당신의 태도가 단호할 때에만 그렇습니다. 단호하게 행동하십시오. 하지만 그와 동시에 당신이 사회 문제들에 민감하다는 것도 밝히십시오. 대중에게 말하십시오. 당신이 사회 문제들에 무관심하지 않다는 사실을요."
"알겠습니다."

"나는 이스라엘의 파멸을 원했던 세대에 속합니다. 하지만 우리는 실패했습니다. 실패했어요, 끝장났습니다. 친구여, 나는 이스라엘에 대한 당신의 태도를 고맙게 생각하고 존중합니다. 하지만 팔레스타인 사람들도 국가를 가질 권리가 있다는 것을 잊지 마십시오. 당신은 이 사실을 조금 간과하고 있는 듯합니다."
"알겠습니다, 대통령님."

"두려워하지 마십시오. 절대 두려워해서는 안 돼요. 1989년에 나는 대통령 당선에 불리한 온갖 일을 했습니다. 사람들이 듣고 싶어하는 것과 반대되는 것을 말했지요. 하지만 나는 대통령이 되었어요. 평판이 나빠지는 것은 중요하지 않습니다."
"명심하겠습니다, 대통령님."

프랑스로 돌아오는 비행기 안에서 니콜라와 나는 인간의 고독에 대한 욕망에 관해 이야기를 나눴다. 그는 되는 대로, 머릿속에 떠오르는 대로 말했다. 인간은 혼자 있기 위해 만들어지지 않았다고. 고독을 좋아하고 혼자 있고 싶어하는 것은 대단한 이기주의라고. "나는 고독을 원할 만큼 나 자신을 사랑하지 않습니다. 자기 자신만으로 만족하는 것은 매우 이기적인 태도입니다……" 그의 지성과는 전적으로 차이가 있는, 어디선가 빌려온 문장들이었다. 그는 그 문장들이 뜻하는 사실들에 대해 이야기하지 않았고, 빈약함을 드러내는 진부함에 도움을 청했다.

그가 신문을 집어들었다. 《르 피가로》《리베라시옹》《르 파리지앵》이었다. 모든 신문에 그의 이름과 사진이 게재되어 있었다. 하지만 그는 그것들을 보는 둥 마는 둥했고 되는 대로 뒤적였다. 갑자기 그의 표정이 침울해졌다. 이번 여행에 대한 어떤 생각, 어떤 기억이라도 떠올랐던 걸까? 그는 눈을 감았고, 수면용 안대까지 썼다. 경찰청장 미셸 고댕이 서류들을 뒤적거렸다.

니콜라가 잠에서 깨어날 때까지 아무도 감히 그를 성가시게 하지 않았다. 장 피에르 엘카바흐와 나는 비행기의 소음을 뚫고 조용히 이야기를 나눴다. 다시 파리로 가는 자동차 안에서 장 피에르가 자세한 내막을 나에게 귀띔해주었다. 니콜라는 갑자기 기분이 조금 흔들리고 언짢아져서 다른 사람들에게서 멀어져 있었고, 자기가 먼저 말하기 전에 누군가가 침묵을 깨뜨리는 것을 금했다고. 그들은 수년 전부터 서로 잘 알고 지내는 사이다. "전에는 없던 일이지요." 장 피에르가 덧붙였다.

나탕이 자기 방으로 나를 불렀다. 나는 어둠 속에서 그의 침대 가장자리에 걸터앉았다.

"왜 늘 저녁에 일을 하는 거야? 낮에 나는 일상적인 일들에 붙잡혀 있어. 학교 일에, 사람들을 만나야 하고 사교적인 미소를 지어……우리가 함께 할 시간은 저녁밖에 없지."

그 몇 주 동안 G.는 공적인 모임에서, 언론에서 혹은 방송에서 여러 번 경솔한 표현들을 사용하면서 의기양양하게 단언했다. 역사의 심판은 그에게 별로 중요하지 않은 듯했다. 내가 요즘 관찰하는 정치판 사람들은 헬륨처럼 가벼운 표현들이 난무하는 세상에 살고 있다. 그 표현들은 입 밖에 내뱉자마자 하늘로 날아가고 미래로부터 달아나버린다.

내 친구 세르주는 정치에 관해 다음과 같이 성찰했다. "정치는 영리한 사람들을 위한 바보 같은 직업이다."

동 보스코 구역의 어느 홀 안. 니콜라가 뮐루즈의 사회당(PS) 소속

상원의원이자 시장인 장 마리 보켈 옆 빨간 플라스틱 의자에 앉아 있다. 드루오 관할 조정기구의 배우들 그리고 여성단체 회원들과 모임을 갖기 위해서다. 조정기구의 책임자들이 손에 마이크를 들고 차례로 일어나 구슬픈 음악에 맞춰 실용적인 단어들로 이루어진 시詩를 숨도 쉬지 않고 읊었다. 그것은 그가 살아오면서 수천 번째로 듣는 시였을 것이다. 차가운 벽에서, 서류가방에서, 비장한 표정의 사람들에게서 흘러나오는 생기 없는 시를 들으며 그가 무슨 생각을 했을까? 친권 양도 문제, 어머니들 모임, 토론 모임, 새로운 형태의 연대성, 시민 자원봉사, 우리가 해야 할 몫, 파트너십, 사람들의 능력에 등급을 정하는 일…… 빨간 플라스틱 의자에 점잖게 앉아 이따금 이유를 알 수 없는 예의 바른 미소를 띠는 동안 그의 생각은 어디로 향했을까?

니콜라가 내 남편을 위해 사인을 해주며 물었다.
"당신 남편의 이름이 뭡니까? 그 사람 잘생겼나요?"

크리스마스가 다가오고 있다. 콜마르의 크리스마스 시장에 장을 보러 가는 것보다 더 비현실적인 일이 무엇일까?

그의 피곤해하는 얼굴이 언론에 노출되었다.

사람들은 말했다. 그는 아무것도 숨기지 않는다고, 그는 투명한 사람이라고. 그 자신도 이렇게 말했다.

"나는 숨길 것이 하나도 없어요. 나는 있는 그대로의 내 모습을 보여줍니다."

그가 비서실장인 로랑 솔리의 어깨 너머로 고개를 숙이고 몸의 나머지 부분은 의자 등받이에 의지한 채 꾸밈없고 조금 지친 듯한 태도로 로랑 솔리가 작성하고 있는 팀의 직함들을 건너다보았다. 그의 얼굴에 상냥하고 어린아이 같은 표정이 떠올랐다. 그 얼굴은 해석의 여지를 남겨주지 않았다. 다른 사람들과 반대로 나는 그의 얼굴에서 어떤 투명함도 보지 못했다.

"우리 동포들은 양식이 넘치는 사람들입니다." 나는 그가 엘랑쿠르의 EADS(European Aeronautic Defence and Space Company, 유럽항공방위우주회사, 프랑스의 전투기 제조회사―옮긴이)에서 미래의 안보에 대해 이야기하던 중 말한 이 구절을 메모해두었다. 이 구절은 내게 국민의 총명함에 대한 또 다른 찬양들을 연상시킨다. 2002년 대선 때 유럽의회 의원 프랑수아가 한 다음과 같은 발언도 기억해둘 만하다. "조스팽이 이길 겁니다. 왜냐고요? 프랑스 사람들은 영리하니까요." (2002년 프랑스 대통령 선거에서 사회당 출신의 리오넬 조스팽은 여론조사 결과 압도적 지지를 받았으나 승리를 자신한 나머지 1차 투표를 위한 별도의 선거 전략

없이 2차 투표만을 대비한 선거전략을 밀고 나가 사회당 지지층이 극좌파인 공산당이나 우파 쪽으로 가버리는 결과를 가져왔다. 결국 조스팽은 2차 투표에 진출하지 못했고, 사상 처음으로 극우파인 국민전선이 2차 투표에 진출했다―옮긴이)

 솔직한 발언이다. 나는 프랑수아와 절친한 사이이다.
 하지만 민주주의의 발전과정 속에 넣고 적용해볼 때, 그 말을 약간 의심해볼 수도 있을 것이다……

 엘랑쿠르에서의 일을 계속 이야기하겠다.
 "나는 수치심을 느끼게 하는 청중 앞에서 연설하느니 차라리 청중석이 비어 있는 것이 더 좋습니다."
 청중을 선동하기에는 대단히 그럴싸한 어법이다. 하지만 나는 니콜라가 정말로 청중석이 비는 상황을 진지하게 고려해봤을까 하고 의심한다.

 대중운동연합(UMP, 중도보수 정치세력의 연합체이다. 사르코지는 2004년 11월 대중운동연합의 총재직을 맡았다―옮긴이) 소속 의원들이 보보 호텔 연회장에 거의 모두 모였다. 그들은 선 채로 니콜라의 출마 선언 직전 정견 발표를 듣고 있다. 아는 얼굴들이 많다. 친구들 그리고 적들.
 니콜라가 말했다.
 "나는 사람들에게 뭔가 부탁하는 것에 익숙하지 않습니다. 그러니

받지 못하는 것이 당연하지요."

　정견 발표는 여러 번 행해졌고, 다른 각도로 되풀이되었다.

　말의 문맥은 거의 중요하지 않았다.

"대통령 선거에서 이기는 사람은 히말라야 등반에서 맨 마지막에 추락하는 사람입니다. 1981년 이후 다수당은 대선에서 모두 패배했지요. 나는 우파에 속하는 사람입니다. 하지만 보수주의자는 아닙니다. 사회당은 고인 물처럼 정체된 당이 되어버렸습니다. 최악의 위험은 그 어떤 입장도 취하지 않는 것이지요."

　니콜라의 연설이 끝났다. 홀에 있는 나를 발견하고 니콜라가 물었다.

　"연설이 당신 마음에 들었나요?"

　'마음에 들다'라는 표현에 나는 조금 난처한 기분이 들었다. 그는 대체 무엇에 대해 이야기하는 걸까? 그의 연기에 대해? 어조에 대해? 혹은 내용에 대해? 나에게 그 질문을 하는 그의 눈길은 최초의 유혹으로부터 스스로를 변호하고, 보이지 않는 형상들을 탐색하고, 비밀스러운 사항들이 드러나기를 애타게 기다리는 듯했다.

　그는 사람들을 두 팔로 끌어안으면서 이 무리에서 저 무리로 이동했다. 그 모습이 마치 마당에서 생쥐를 쫓기 위해 사방으로 흩어지기 전 음모를 꾸미며 수를 헤아리는 어린아이들 같았다.

그의 사무실에서 선거운동에 관한 회의가 열렸다.

그는 셔츠에 넥타이 차림이었고, 다른 사람들은 양복을 상의까지 갖춰입고 있었다.

그가 혼자서 오랫동안 이야기했다. 그는 자신의 바람들을 표현했고 지시를 내렸다. "우리는 모든 사항에서 최고가 되어야 합니다. 가장 좋은 위치를 점해야 하고, 가장 훌륭한 답변들을 이끌어내야 합니다……" 그가 다음다음날 하게 될 자신의 연설문 초안을 읽어보라고 시켰다. 하지만 초안은 아직 준비되어 있지 않았다. "나는 무엇보다도 나를 우선시해달라고 여러분에게 당부하고 싶습니다. 내가 거만해서 하는 말이 아닙니다. 제 시간에 연설문을 작성하지 못한다면, 그것은 말이 안 됩니다. 우리는 좀더 수준 높은 요구에 부응해야 합니다. 그 요구를 따라오지 못하는 사람들이 있다면, 그 사람들을 내쫓겠습니다."

그의 협력자들이 그의 말에 응답하고 그를 보필하는 신중함이 내 주목을 끌었다. 신중함, 경외심. 하지만 협력자들의 저항이 없다는 것은 그에게 위험한 일이 아닐까.

"이번 주말 마르세유에 다녀온 뒤 디즈니에서 세실리아와 아이들을 만나기로 했습니다."

니콜라와 나는 단둘이 얼굴을 마주하고 리옹으로 가는 '르 팔콩'

의 테이블 앞에 앉아 있었다. 첫 만남 때를 제외하면 처음으로 배석한 사람 없이 단둘이 이야기를 나누고 있었다.

"디즈니에 가는 게 목적은 아닙니다. 사실 디즈니든 어디든 나는 상관없어요. 하지만 가족들과 함께 시간을 보내려면 뭔가 해야죠. 나는 '뭔가 하는' 것을 좋아합니다. 쇼핑하는 것을 좋아하고, 어딘가에 가는 것을 좋아해요." (전날 그는 의원들 앞에서 움직이지 않는 것은 곧 죽은 것이나 마찬가지라고 여러 번 말했다.)

나중에, 그는 자신의 연설문 작성을 도와주는 앙리 귀에노에 대해 이렇게 말했다.

"귀에노는 까다로운 사람입니다. 하지만 그는 천부적인 재능이 있지요. 사람들은 내가 귀에노와 멀어지기를 바랍니다. 하지만 나는 귀에노가 필요해요. 나는 매끈하지 않은 사람이 필요합니다. 나는 약간 특이한 사람들을 좋아합니다. 그런 사람들은 나를 안심시켜요."

"그들이 어떤 점에서 당신을 안심시키나요?"

"글쎄요, 잘은 모르지만…… 나로 하여금 끊임없이 뭔가 신경을 쓰게 만들어서 그런 것이 아닐까요. 왜 그런지 당신은 잘 이해 못 할 거예요."

그는 이따금 입을 다물고 내 얼굴을 찬찬히 살폈다. 그의 눈은 다정하고 장난기가 어려 있었다. 나는 그가 침묵했다가 사람들의 얼굴을 찬찬히 살피는 모습을 여러 번 보았다. 처음 만나는 사람들에게도 똑같이 했다.

나중에 그는 이런 말도 했다.

"사랑은 세상에서 유일하게 중요한 것이죠."

내가 응수했다.

"나는 그 말을 못 믿겠어요. 만약 사회적 삶을 빼앗긴다면 당신은 힘을 잃고 시들해질 텐데요."

"가족을 잃는다면 더욱 그렇겠죠."

"만약 당신이 세실리아와 아이들하고만 같이 모뵈주에 있어야 한다면 당신은 강물에 몸을 던져버릴 걸요."

"그렇지 않아요. 그런 상황에 처한다면 나는 모뵈주의 왕이 될 겁니다."

뇌빌 쉬르 사온. 교회 바로 앞에 있는 마을의 빈 광장에 그가 곤색 개버딘 레인코트를 입고 서 있다. 광장에는 높이가 차이가 나는 받침대 두 개가 놓여 있다. 그가 입은 레인코트 자락이 장딴지 중간에서 팽팽히 벌어져 있다. 그의 옆에는 열혈 우파인 국방부 장관 미셸 알리오 마리가 검은 상의에 연한 빛깔의 스카프를 두르고 흐리멍덩한 조명을 받으며 서 있다. 사람들은 호기심 어린 신중한 눈길로 안전선 뒤에서 바라보고 있다. 주변은 아주 조용하다. 이따금 군가가 들려오고, 바람이 부는 가운데 몇 가지 명령이 내려진다. 관이 도착하여

받침대 위에 놓이고 프랑스 국기가 펼쳐졌다. 군모가 그 위에 놓였다. 아무도 움직이지 않았다. 군인들도, 파란색과 흰색 줄무늬 차양 아래에 얼어붙어 있는 가엾은 유가족들도. 내무부 장관 사르코지가 짧은 연설을 한 뒤 다시 자기 자리에 가서 섰다. 국방부 장관이 망자들에게 사후 수여된 훈장 두 개를 전달하고 내무부 장관 옆에 가서 섰다. 명령에 따라 군악대가 나팔을 불었고, 군인들은 죽은 자들에게 받들어총 자세를 취했다.

국기가 다시 접히고, 헌병들이 관을 들고 행진을 하기 시작했다. 관을 든 헌병은 모두 여섯 명이었고, 또 다른 헌병 네 명이 그들의 뒤를 따라갔다. 그들은 두 개의 훈장이 놓인 쿠션과 군모 그리고 접힌 국기를 들고 있었다. 죽음에 경의를 표하는 엄숙한 예식은 스스로에게 휴식을 부과하기 위해 필요할 것이다.
두 군인의 죽음이 이 시간을 만들어냈다.

비행기 안에서 니콜라가 우리를 국방부 장관 미셸 알리오 마리에게 소개했다. 그녀는 텔레비전에서 본 모습과는 조금 달랐다. 더 상냥하고 여성적이었다. 나는 다소 경쟁 관계에 있는 이 두 장관을 마주하고 있는 것이 재미있다고 생각했다(두 사람은 내각에서 격렬하게 대립하고 있다. 미셸 알리오 마리는 사르코지에 반대하는 으뜸가는 인물이다).

나는 그녀가 국방부에서 경험한 것들에 대해 질문했다. 니콜라에게 했던 말은 미처 끝맺을 시간이 없었다. 니콜라는 내가 했던 말은 제쳐두고 주변에 굴러다니는 신문을 집어들었다. 그는 속을 알 수 없는 얼굴, 적 때문에 표정이 달라진 얼굴로 신문을 읽는 데 몰두했다. 그는 범상치 않은 태도로 신문의 페이지를 넘겼다.

비행기에서 내릴 때가 다 되었을 때도 그는 여전히 내가 알지 못하는 어느 여성 잡지의 페이지를 넘기고 있었다. 그때 나는 국방부 장관 미셸 알리오 마리와 어느 핵잠수함에 대해 이야기하는 중이었고, 니콜라에게는 읽을거리가 더 이상 없었다. 미셸 알리오 마리가 아프가니스탄의 외딴 요새에서 자신이 경험한 어느 밤에 대해 이야기했다(나는 그 이야기가 무척 흥미로웠다). 그녀는 그날 밤 자신이 더 이상 존재하지 않는 듯한 느낌에 짓눌렸다고 했다. 니콜라가 슬그머니 대화에 끼어들어 대화의 방향을 바꾸었다. 우리는 나로서는 몹시 따분한 주제인 출판에 대한 이야기를 하고 각자의 저작권을 비교하면서 여행을 끝냈다…….

그의 자동차 안에 올라타기 전, 길 위에서 그가 내 귀에 대고 슬쩍 말했다.

"자, 봤죠. 이게 바로 나와 그녀의 차이점입니다."

그가 대통령 후보가 되었다(니콜라 사르코지는 대중운동연합 대선 후보에 단독으로 출마했다—옮긴이).

하지만 정치판의 원리에 대해 전혀 알지 못했던 나는 오래 전부터 모든 사람이 대통령 후보로 간주했던 그에게 이 발표가 얼마나 중요한 것인지 이해하지 못했다. 부비서실장인 사뮈엘 프랭강이 내게 덧붙여 설명해주었다. 대통령 후보로 결정되는 것은 대통령 신화학에서 루비콘 강을 건너는 순간이라고. 그 강을 건너면 더 이상 뒤로 후퇴하지 못한다고.

그러니까 그날이 2006년 11월 30일 목요일이었다. '니콜라 사르코지는 엘리제 궁을 향한 경주에 공식적으로 뛰어들었다.'

다음날, 비서실장 로랑 솔리가 열에 들뜬 목소리로 전화를 걸었다.

"작은 마법이 시작되려는 중입니다. 변화가 성공한 것 같아요."

이 말은 마치 하늘 위를 걷고 있는 것처럼 비현실적으로 들렸다.

며칠 뒤, 로랑이 나에게 이렇게 말했다.

"사실은 전혀 중요하지 않습니다. 중요한 것은 오직 직감력이죠."

나는 프랑스2 방송국 복도에 서서 아를레트 샤보(Arlette Chabot, 1951~, 프랑스의 언론인. 프랑스2 방송국의 편집국장—옮긴이)가 담당하는 방송이 진행되는 동안 모니터를 통해 니콜라의 모습을 보고 있다. 아를레트 샤보는 대통령 후보로서의 그의 첫 행보를 축하했다.

피에르 샤롱(Pierre Charon, 1951~, 커뮤니케이션 컨설턴트. 2001년 파리 시의원에 선출되었으며 2007년 대선에서 니콜라 사르코지의 선거운동을 담당했다—옮긴이) : 당신은 그를 어떻게 생각합니까?

야스미나 레자 : 아주 훌륭하죠.

피에르 샤롱 : 정말 그렇게 생각합니까?

사르코지가 숙소 안의 나지막한 소파에 주저앉았다. 그는 세 시간 동안 연설을 하고 돌아온 참이다. 그는 평온하고 만족스러워 보인다. 그의 주변에는 측근과 비서실 직원들이 빽빽이 모여 있다. 누군가가 방문을 열었다. 아를레트 샤보였다.

"들어와요, 아를레트. 이리 와요, 어서요."

한순간 나는 그가 아를레트 샤보더러 자기 무릎 위에 앉으라고 권하는 줄 알았다. 그녀도 그렇게 생각했을까? 놀랍게도 아를레트 샤보는 니콜라와 세실리아의 막내딸 잔 마리 사이에 끼어 앉았다. 그들은 기묘하게 찰싹 달라붙어 있었고, 아를레트 샤보는 똑바로 앉아 있으려고 애를 썼다.

사르코지가 그녀에게 말했다.

"이봐요, 그런 방송을 마친 후에 미소를 짓지 않는다면 당신은 대체 언제 미소를 짓는 거요?"

티에르세. 군중 속에서 한 여자가 말했다.

"우리는 한 시간 전부터 기다리고 있지만 그를 볼 방법이 없네요. 트라팔가에서 도착했다는데 우리는 아무도 그를 보지 못했어요!"

"나는 자기 안에 에너지가 없다고 생각하는 사람을 위해 이야기하고 싶습니다."

앙제에서 행한 그의 연설 속에 등장한 위의 구절은 내 마음에 든다. 왜냐하면 기자들은 아무도 이 말을 염두에 두지 않을 테니까.

"걱정하지 말아요. 야스미나도 이 자리에 참석할 거예요. 그녀는 나에 관해 뭔가를 써야 하는 약점을 갖고 있으니까."

대중운동연합 당사에서 열린 팀 회의. 니콜라는 맨 마지막에 도착하여 그날의 특별손님으로 초대된 장 피에르 라파랭(Jean-Pierre Raffarin, 1948~, 프랑스의 정치인. 2002년 5월부터 2005년 5월까지 프랑스 총리를 지냈다—옮긴이) 옆에 앉으며 말했다.

"우리는 입소스(Ipsos, 프랑스의 여론조사 기관—옮긴이)의 여론조사에서 51%를 얻어냈습니다. 하지만 내일은 무슨 일이 벌어질지 아무도 모릅니다. 이 모든 것을 냉정하게 받아들입시다. 이 모든 것은 아무런 의미도 없습니다. 부정적인 쪽이든 긍정적인 쪽이든 결정적인 것은 별로 없습니다. 흥분하는 것은 아무 도움이 안 됩니다. 상대편은 전력으로 상황을 타개하기 시작했습니다. 알리오 마리는 민간 핵 보유가 우리에게 유익하고 그들에게는 유익하지 않다는 것을 이란 사람들에게 설명하느라 머리가 이상해졌어요."

장 피에르 라파랭이 자신이 조직한 '연합 포럼'의 진전 상황을 명확히 밝혔다.

"그 포럼은 우리의 다양성을 표현하기 위해 설립되었습니다. 니콜라는 자신의 개성과 지성, 재능으로 그 포럼을 짓눌러서는 안 될 것입니다."

니콜라가 응수했다.

"이분은 내가 이분을 겸손하게 하고 진정시켜야 한다고 설명하는 중입니다. 그것은 나다운 일이지요."

니콜라는 얼굴에 미소를 띤 채 그렇게 말했다. 하지만 그 포럼은 그로 하여금 울화가 치밀게 했고, 우리는 육안으로도 그 사실을 확인할 수 있었다.

"미셸 알리오 마리가 있는 한 나는 원칙을 고정할 필요가 없습니다. 나는 질문들에, 내가 답변하는 시간에 한계를 원하지 않습니다. 하지만 장 피에르, 나를 안심시켜주십시오. 나는 나약한 사람이 아닙니다. 내게 맡기세요. 나는 합리적으로 해나갈 것입니다."

하지만 그는 합리적이지 않았다. 그는 긴장하고 있었고 입가에는 경련까지 일었다. 그는 자신의 입지를 좁히는, 다른 사람들에게 인위적으로 자리를 만들어주는 그 포럼을 싫어했다. 그는 규율과 음모 사이에서 흔들리고 있었다.

"알리오 마리를 내버려두십시오. 그녀가 원하는 대로 하도록 내버려둬요. 나는 긴장을 풀 겁니다. 나는 그녀를 만날 때 토요일 복장처럼 넥타이를 매지 말까 하는 생각까지 합니다. 그녀가 마음대로 하도록 내버려둡시다." (제라르 롱게(Gérard Longuet, 1946~, 프랑스의 정치인. 대중운동연합 당원이며 뫼즈 상원의원—옮긴이)와 밀담을 나누면서 그는 "그녀를 내버려둬요, 그녀가 연설을 하도록 내버려둬. 그녀는 부스러질 거요!……"라고 말했다.)

하지만 그는 토요일의 복장을 하지 않았다. 정반대로 그보다 더 엄격할 수 없을 정도의 복장을 했다. 하얀 셔츠에 넥타이를 매고 진한 색깔의 양복을 입었다. 그는 CNIT(Centre des nouvelles industries et technologies, 신新산업기술 센터—옮긴이)에서 나와 미셸 알리오 마리의 방문에 응했다. 내각의 2인자와 3인자는 복도에서 포럼의 다른 인물들에게 둘러싸였다. 온화한 표정을 한 주모자 장 피에르 라파랭도 있었다. 장 피에르 라파랭이 말했다.

"자, 모두들 기분이 좋군요! 다들 컨디션이 좋아 보여요! 나는 미소 띤 얼굴만 보고 싶습니다!"

그 자리에서 그는 합리적이었는가? 자기 나름대로는 그랬다. 두 시간 동안의 그 기묘한 발표회 동안 미셸 알리오 마리는 세 번 끼어들었다. 발표된 내용 속에서는 '다양성'이 모호한 의미를 띠고 있었다. 토론도, 반론도 없었다. 각자 자신이 끊임없이 단언하고 있는 것을 김빠지는 방식으로 되풀이할 뿐이었다. 참석자들이 자기 의견을 표명하는 동안 니콜라는 뭔가 메모하기도 하고, 턱과 아랫입술을 문지르기도 했으며, 빅(Bic) 볼펜으로 장난을 치기도 했다. 그는 높이 매달려 있는 모니터에 나오는 그들의 모습을 바라보았다. 그리고 만족스러움을 뜻하는 듯한 알 수 없고 괴상한 미소를 살짝 띠면서 테이블 위에 팔꿈치를 올려놓은 채 두 손을 마주 잡고는 신중하게 계산한 자세로 고개를 끄덕였다. (피에르 를루슈(Pierre Lellouche, 1951~, 프랑스의 정치인. 대중운동연합 당원이며 파리 시 국회의원—옮긴이)가 나에게 다음과 같은 문자 메시지를 보내왔다. "이 포럼은 비극적이에요!")

니콜라는 넥타이를 바로잡고, 무기력하게 박수를 치고, 휴대폰을 만지작거렸다. 그리고 갑자기 팔짱을 꼈다. 팔짱을 끼고는 등을 뒤로 기대었다. 사실 평범한 행동이었다. 하지만 그를 관찰하기 시작한 이래 그가 그런 몸짓을 하는 모습은 한 번도 본 적이 없었다. 육체적인 속박과 예외적인 인내심을 보여주는, 조롱 섞인 그의 표현법에 따르면 단념을 보여주는 놀라운 몸짓이었다. 그곳을 떠나기 직전, 그는 나에게 이렇게 말했다.

"당신 괜찮아요?…… (그리고 낮은 목소리로 덧붙였다.) 이 얼마나 바보 같은 짓거리인지!……"

하지만 그는 대중 앞에서는 매우 유익한 토론이었다고 발표할 것이다.

"자크 시라크는—그는 내가 학생인 것처럼 나에게 차근차근 설명했지요—러시아 사람들이 국가적으로 모욕을 당했다고 느낀다고 말했습니다."

러시아와 체첸 전문가들과의 조찬 모임. 니콜라는 자신의 의견을 말하기 전에 일단 다른 사람들의 의견을 경청하겠다고 말했다. 하지만 당연히 그는 계속 끼어들었다.

"좋습니다. 나는 러시아의 자부심을 무척이나 존중합니다. 하지만 그것은 푸틴의 독재적 권력 앞에서 침묵하기 위한 구실은 아닐까요? 프랑스와 러시아 간의 관계는 실속이 없습니다. 프랑스와 독일의 관계처럼 혹은 프랑스 알제리 간의 우호조약처럼 말입니다. 명목상인 관계일 뿐이지요."

니콜라는 그 자리에 참석한 사람들 중 테이블에 차려진 다양한 종류의 빵, 크림치즈, 커피 등을 마음껏 먹는 유일한 사람이었다. 그는 젊고, 지적이고, 국제 문제에 활발한 관심을 가진 그 참석자들의 마음을 끌고 싶어했다. 언변 좋은 청년 같은 어조로 말하며 그가 과시한 매력은 조심성 있고 뻣뻣한 나에게까지 미쳤다.

"그들에게는 프랑스 외무부를 몰아내는 것이 매우 중요해졌습니다. 러시아 주재 프랑스 대사는 바보 같은 선례를 남겼습니다. 나는 그것이 부끄럽습니다…… 레바논 주재 프랑스 대사 역시 지독한 바보입니다. 나는 부끄럽습니다. 그들을 불러서 그 사실에 대해 한번 물어보세요! 나는 그런 부류의 사람들을 경멸합니다. 그들은 비겁해요. 비겁한 사람들은 생각을 깊이 하지 않습니다…… 헤즈볼라(레바

논의 이슬람교 시아파派 교전단체이자 정당조직. 신神의 당黨, 이슬람 지하드라고도 한다. 이란 정보기관의 배후 조정을 받는 4천여 명의 대원을 거느린 중동 최대의 교전단체이면서 레바논의 정당조직이다—옮긴이)는 이스라엘을 나치스와 동일시합니다. 그들은 그렇게 주장해요. 그들은 아무것도 듣지 못하는 걸까요? 우리는 이 사건을 어떻게 해석해야 할까요?"

세르주 모아티(Serge Moati, 1946~, 프랑스의 언론인·TV 프로듀서. 미테랑 전 대통령의 고문 역할을 했으며, 프랑스5 텔레비전에서 정치 및 사회 토론 프로그램을 진행하고 있다—옮긴이)가 부드러운 태도로 서둘러 그의 말허리를 자르려 했지만 허사였다.

니콜라는 매우 미묘하고 침착한 어조로, 분위기를 적절히 조절하는 쉼표를 찍어가며 '모아티 씨'의 말을 잘랐다. "모아티 씨, 모아티 씨……"

세르주 모아티는 그에게 이십 년 전의 서류 한 장을 보게 했고, 그러자 니콜라는 모니터 쪽으로 몸을 돌리고는 이렇게 말했다.

"나는 모니터를 보는 것이 항상 힘들게 느껴져요."

나는 그가 현재의 상황에서 교묘히 벗어나려고 이런 발언을 했음을 즉시 알아차렸다. 나는 영상물의 급작스러운 출현과 그 해악에 대해 글을 쓴 바 있다. 긁어 부스럼을 만들 필요는 없다. 과거의 형상들은 모두 쓸데없다.

다음날 나는 내무부에서 니콜라를 만났고 어제 방송 좋았다고 말했다. 그가 응수했다. "방청객들이 준 점수 봤습니까? 연속적으로 최고 점수였어요!"

확실히 그랬다. 하지만 내 평가가 그의 지지율에 어떤 유익을 가져다줄 수 있다고 여긴다면 터무니없는 생각이다.

그것은 어느 날 저녁 극장에서 내가 파브리스 루치니(Fabrice Luchini, 1951~, 프랑스의 연극 및 영화배우―옮긴이)에게 그가 출연한 작품에 대해 칭찬하자 그 작품으로 벌어들인 수입을 근거로 내세우며 부인한 것과 똑같은 실수이다.

"시몬 페레스(Shimon Peres, 1923~, 현 이스라엘 대통령. 대통령이 되기 전 외무부 장관을 지냈으며 1994년 노벨 평화상을 수상했다―옮긴이)가 프랑스어를 하나요?"

내가 질문하자 외교고문 다비드 마르티농이 대답했다.

"그는 '페레스어'를 하죠." 2002년 12월, 시몬 페레스와 대담을 하고 나온 디디에는 내게 이렇게 말했었다. "처음 칠 분 동안은 내 질문들 때문에 그가 불안정한 상태에 빠진 건지, 아니면 내가 식민지 태생의 지도자와 이야기를 하고 있는 건지 전혀 모르겠더라고요."

곧 있을 회담에 대해 이야기하면서 다비드가 덧붙였다. "회담에서는 각자 자신의 모국어를 사용할 거예요. 그렇게 하는 것이 더 나으니까요."

벽난로 속에서 불이 따닥따닥 소리를 냈다. 그들은 벽난로 양쪽에

서로 마주 보고 앉았다. 이스라엘 외무부 장관 바로 옆에는 그의 통역을 맡은 여성이 있었다. 그녀는 키가 크고 우아한 여성으로, 한 치의 물러섬도 없이 꿋꿋이 자리를 잡고 있었다. 시몬 페레스가 헤브라이어로 자기 생각을 이야기했다. 그는 어항 속의 물고기처럼 입술을 움직이며 말했다. 입술의 움직임을 통해 자기가 하고 싶은 단어들을 걸러내는 것 같았다. 몸의 움직임이나 얼굴 표정은 그의 목소리에 활력을 부여하지 못했다.

그가 중얼거렸다.

"우선, 이란에 대한 당신의 선언에 관하여 나의 존경심과 우리 국민들의 감사의 마음을 전합니다."

니콜라가 대답했다.

"아흐마디네자드(Mahmoud Ahmadinejad, 1956~ 현 이란 대통령—옮긴이)는 쇼아(나치스가 자행한 유대인 대학살—옮긴이)를 부인하지 못할 것입니다. 그도 그것을 자행하기를 원하는 한 말입니다. 내가 이런 말을 한 것을 알면 그는 내가 역사적 전통에 이름을 올렸다고 말하겠지요!"

"켄."

"그렇습니다!"

통역하는 여성이 눈가와 입가에 공모를 뜻하는 주름을 잡으면서 외쳤다. 물론 그녀는 그런 기색을 감추려고 애썼다.

말은 물론 마음으로도 통역을 하려는 열성의 발로일까? 아니면 분위기에 활력을 부여해야 한다고 느끼는 억제할 수 없는 의지의 발로일까? 통역관의 감정적 연루, 육체적·언어적 참여가 너무 강해서 시몬 페레스의 존재감이 삼켜져버렸다. 그 사실을 밝혀둬야겠다. 니콜라의 존재감 역시 마찬가지였다.

그날 두 장관이 한 발언들은 내가 보기에는 그 여성 통역관의 몰상식한 개입보다 더 빛을 발하지 못했다.

대중운동연합 당사. 팀 회의가 열렸다.

"솜(프랑스 피카르디 주. 파리 분지 북서부에 위치―옮김이)에서 내 모습이 괜찮았습니까? 비가 오기에 멋진 장화를 신었는데."

나는 그의 당 집행국 사무실 문 가까운 곳에 서서 만족스럽거나 신랄한 표정을 지은 사람들을 지켜보고 있다. 나는 그의 옆에 있는 사람들을 살펴보았다. 확신이 없거나 조용한, 멀리 혹은 가까이에 있는. 그의 앞에서 얼굴을 마주하고 있는 사람들도 살펴보았다. 그들은 동요하거나 침묵하고 있었다. 나는 그들이 차지하고 있는 자리가 지닌 특권과 값비싼 대가를 엿볼 수 있었다.

대중운동연합 집행국 사무실에서 나는 인간을 보았다.

니콜라가 자신을 지지하는 군중 앞에서 말했다.

"내가 땅을 침범하도록, 불시에 급습하도록 내버려두십시오. 낙마할 위험을 무릅쓰고 말입니다. 나는 최선을 다하고 있습니다. 그러나 모든 것이 늘 예측한 대로 진행되는 것은 아닙니다. 나는 사람들이 내게 하는 말을 고려하려고 노력합니다. 하지만 지나쳐서는 안 될 것입니다. 그러면 내가 굳건히 서 있질 못할 테니까요. 나는 오 년 동안 힘들게 이 일을 해왔습니다. 내가 누구에게서 이 자리를 훔치기라도 했습니까?"

그는 국회의원들의 연회 석상에서 다음과 같이 말했었다.

"나는 이 자리에 오기까지 비싼 대가를 치렀습니다. 나는 우연히 이 자리에 있는 것이 아닙니다."

나는 얼마나 여러 번 이 말을 들었던가. "나는 그 누구의 자리도 빼앗지 않았습니다."

자크 아탈리(Jacques Attali, 1943~, 경제학자. 국제빈민구제기구 '플래닛 파이낸스'의 회장. 1991~1993년 유럽부흥개발은행 총재를 지냈으며 프랑스 정부의 국정 자문을 하기도 했다―옮긴이)와의 저녁 식사 자리. 자크 아탈리는 니콜라가 뇌이 시장이 되기 전부터 그를 알고 있다.

그가 나에게 말했다.

"니콜라 사르코지는 싸움과 소동을 좋아해요. 그는 국민을 통합시키는 사람이 아닙니다. 대통령 자리를 열망한다면 통합시키는 사람이 되어야지요. 미테랑과 시라크는 통합시키는 사람들이었습니다. 하지만 그는 아니에요."

사람들은 끊임없이 그에 대해 내게 이야기한다. 좋게도 이야기하고, 나쁘게도 이야기한다. 모든 사람들이 그에 대해 이러쿵저러쿵 말한다. 그는 만인의 사람이다.

지구상의 모든 사람들이 그에 대해 나보다 더 잘 알고 있다는 느낌이 든다.

오 개월이 못 되는 선거 기간 동안 나는 매일 니콜라가 패배할 거라는 예측을 들었다.

이반이 슬픈 표정으로 나에게 말했다. "그가 그녀보다 훨씬 더 똑똑해요. 하지만 그녀는 정원 일에 능하죠." 이반은 가까움이라는 이점을 활용했지만 분석의 이점은 활용하지 않았다.

니콜라가 보니 쉬르 뫼즈의 노동자들에게 이야기하는 소리가 창고에 울려 퍼졌다. 니콜라는 말했다. "만약 내가 공화국의 대통령이 된다면."

이유는 알 수 없지만 처음으로 나는 그 목소리에서 연약함과 불확실성을 느꼈다.

니콜라가 랭스로 가는 비행기 안에서 앙리 귀에노와 함께 연설문을 검토하고 있다.

니콜라 : '경제적·사회적 타협'이라…… 내가 '사회적 타협'이라

고 바꿨네. '경제적'은 뺐어. 내가 이 년 동안 재무부 장관이었던 것을 떠올렸거든…… 자네 지금 몇 페이지를 보고 있나?…… '조교직' 위에 '지성적 타협'이라는 말을 넣어. 그게 더 좋아…….

앙리: 안 됩니다. 제가 '도덕적 타협'이라고 원래대로 다시 되돌렸어요.

니콜라: '도덕적'이라, 자네 정말 그렇게 생각하나?…… '나는 여러분과 함께 울지 않을 것입니다. 왜냐하면 우리는 절대 울지 않으니까요'…… 이 대목은 이렇게 고쳤네. '나는 여러분과 함께 울지 않을 것입니다. 왜냐하면 진정한 고통은 자기 자신을 위해 간직하는 법이니까요'……자기 자신을 위해 간직한다, 알겠지? ……좋아. 어쨌거나 내가 잘 쓰지 않았나?

귀에노는 얌전하게 동의했다.

니콜라가 레텔 농업고등학교 학생들의 질문에 침착하게 답변하고 있다. 그런데 그의 앞에 놓인 테이블에 덮인 테이블보가 심한 돌풍을 맞은 듯 마구 펄럭였다. 그는 발동기용 생물연료의 미래에 대해 자랑을 늘어놓던 중, 자기 다리가 테이블보에 가려져 있다고 믿고 마음놓고 허공중에 발길질을 했던 것이다.

'압착기들'이 강철에 구멍을 뚫었다. 육중한 소음과 함께 압착기들이 잘린 강철 위로 떨어져내렸다. 귀를 먹먹하게 하는 소음이 들려왔다. 압착기들이 붉게 달아오른 연결봉 위로 떨어져내렸다. 거대한 로봇 팔 하나가 녹은 강철을 집어올렸고, 압착기가 거기에 구멍을 뚫었다. 다른 팔 하나가 구멍이 뚫린 강철을 붙잡더니 레일 위에 조심스럽게 내려놓았다. 주름진 재질로 된 후드 재킷을 입은 로봇들은 집어올리고 내려놓는 각각의 동작을 한 후 0.5초 정도 동작을 멈추고 동작이 끝까지 잘 실행되었는지 지켜보았다. 파란 작업복을 입은 남자들이 한 손에 장갑을 들고 우리를 따라왔다.

우리는 마치 낯선 나라로 들어가듯이 그들의 소굴 안으로 걸어 들어갔다. 나는 홍보활동 중인 장관을 따라 제철소에 와서 숨 막힐 듯 뜨거운 공기를 마시고 뻘겋게 달아오른 온갖 물건들을 구경하는 중이다.

샤를빌 메지에르. 회의 시작 전, 그가 호텔의 객실에서 내 무릎 위에 놓여 있던 《르 피가로》를 집어들었다. 어느 기사에 이끌린 것이 틀림없었다.

아흐마디네자드의 대선 승리 배후에 관한 기사가 실려 있었고, 그의 탄핵에 대한 다양한 소제목들이 눈에 띄었다. 페이지 하단 오른쪽에는 시계 광고가 있었다.

몇 초 동안 주목하여 쳐다본 뒤 그가 말했다.

"이 롤렉스 시계 예쁘네요."

12월 말. 밤 열 시. 아르덴에서 긴 하루를 보낸 후이다.

니콜라는 보보 호텔의 정원에 우리와 함께 있다. 평소에 그는 자동차에서 내리면 득달같이 자기 사무실 혹은 자기 아파트로 들어갔다. 하지만 그날 밤 그는 다소 주춤거렸다. 그는 그날 하루가 좋았는지 한 번 더 물었다. 그는 피곤해했다. 그는 파란색 캐시미어 외투를 입고 있다. 외투의 단추들은 위까지 다 채워지지 않았다. 넥타이는 빼버렸고, 셔츠도 풀어헤쳐져 있다. 평소의 그의 옷차림에 비추어볼 때 단정치 못한 옷차림이고, 추운 겨울 날씨를 고려할 때도 다소 기이한 옷차림이다.

우리는 포옹을 나눈 뒤 헤어졌다.

돌아가는 자동차 안에서 나는 그가 품이 넓은 외투를 걸치고 목덜미를 드러낸 채 아직도 울타리 앞에 서서 어둠을 바라보며 손을 흔들어 작별 인사를 하고 있는 것을 보고 깜짝 놀랐다.

"어른이 된다는 것은 홀로 있는 것이다."

나는 장 로스탕(Jean Rostand, 1894~1977, 프랑스의 작가·생물학자·과학사가—옮긴이)이 한 이 말에 대해 자주 생각했다.

나는 생후 하루 된 내 딸아이에게 이렇게 중얼거렸었다.

"너는 내 소유가 아니야. 너는 자랄 거고, 나는 너에게 홀로 있는 법을 가르쳐줄 거야."

얼마 전에 니콜라가 나에게 말했다.

"나는 어떤 결정들을 내릴 때 홀로 있을 줄 압니다. 그게 전부죠."

정치인들은 연기를 대단히 잘한다. 그것이 내 마음을 감동시킨다. 그들은 연기를 대단히 잘한다. 그들은 연기자인 동시에 연출가이다. 그들은 그들 자신을 소재로 삼는다. 그러나 자기들의 존재를 연기하지 않는다. 좀더 진지하다. 그들은 그들이 관심을 갖고 있는 견해들을 연기한다.

파트릭 로트만(Patrick Rotman, 1949~, 프랑스의 시나리오 작가·감독. 알제리 전쟁에 대한 다큐멘터리 영화 〈이름 없는 전쟁〉의 시나리오를 썼고, 2006년 TV용 다큐멘터리 영화 〈시라크〉를 연출했다―옮긴이)이 만든 자크 시라크에 관한 영화에서 우리는 1980년의 니콜라를, 다시 말해 스물다섯 살 때의 니콜라를, 하지만 열네 살처럼 보이는 니콜라를 볼 수 있다. 넥타이를 매고 곱슬거리는 커트 머리를 한 법대생의 모습을.

최근에 그 영화에 대한 질문을 받고 그가 말했다.

"그때 우리는 젊었죠. 우리는 퍽 흥분해 있었고, 정치는 우리가 기대하던 것을, 다시 말해 감동을, 전율을, 때로는 정신적 고양감까지 주었어요."

반면 그는 현재의 자기 삶에 대해서는 그런 말을 전혀 하지 않았다.

오늘 아침, 나는 다니엘 드 크로주퐁이 쓴 다음과 같은 글을 읽었다. "멀리서는 감동이 나를 열광시키고, 가까이에서는 감동이 나를 성가시게 한다."

니콜라는 현실을 뛰어넘는 도움을 믿고 있다. 사람들이 그에게 "당신을 위해 기도할게요"라고 말할 때, 그는 진심으로 그들에게 고마워한다. 그는 아프리카에서 사람들이 그를 위해 회색 황소 한 마리를 희생제물로 바쳤다고 내게 이야기해주었다. 내가 물었다. "당신 그 말을 믿어요?" 그가 대답했다. "나 같은 입장에 처하면 무엇이든 믿게 되지요."

오늘 아침 《리베라시옹》에 난 기사에서 점성가 한 명과 여자 점쟁이 두 명이 그의 패배를 점쳤다. 그는 외국에 휴가를 가 있다. 나는 그가 이 신문을 읽지 않기를 바랐다.

감마 대리점에서 엘로디 그레구아르가 찍은 사진들을 보며 이상한 오후를 보냈다. 나는 시간이 없어서(그리고 지쳐서) 최근 이 년 동안 찍은 사진만 보았다.

그가 변장을 한 사진들이 한데 묶여 있었다. 간호사, 화학자, 옷자

락이 긴 전통의상을 입은 북아프리카인, 치즈 제조인, 제련공 등으로 변장한 모습이었다. 어떤 변장도 정말로 완벽하지는 않았고, 어떤 변장도 제대로 효과를 발휘하고 있지 못했다. 각각 한두 가지 요소가 부족했다. 간호사 모자가 없었고, 아프리카 사람들이 쓰는 챙 없는 모자가 없었고, 안전모가 없었다. 앞치마는 매듭이 제대로 매어져 있지 않았고, 북아프리카 전통의상 밑에는 양복 바지가 비죽이 튀어나와 있었다. 그는 그 갑옷들 속에 갇혀 비상飛翔하지 못했다. 나는 좀 더 평범한 다른 사진들로 옮겨갔다. 사진 속의 그의 손은 움직임과 위치가 내가 잘 알게 된 그의 손과 똑같았다. 공개적인 발언을 하기 전에 두 손을 모으고, 다리를 조금 벌리고, 눈을 내리깔고, 바닥을 내려다보며 서 있는 모습. 누군가 그의 얼굴을 가린다 해도 나는 그임을 즉시 알아볼 것이다.

어떤 사진들은 혼자(실은 보이지 않는 경호원 두 명과 함께) 파리에서 산책을 하는 그의 모습을 보여주고 있다. 2006년 2월이었다. 그는 우표 파는 상인과 이야기를 하기 위해 걸음을 멈췄다. 두 사람은 얼굴을 마주 보고 웃었다. 그는 진한 색깔의 외투를 입고 로열블루 빛깔의 목도리를 하고 있다. 그는 뒷짐을 진 채 그 상인과 함께 웃었다. 그는 서두르지 않았고, 허세를 부리지도 않았다. 그보다 나이가 많은 상인은 옷을 든든히 껴입은 채 자기 노점 안에 조용히 앉아 있다. 그는 겁먹은 것 같지 않다. 매우 평범해 보이는 이 사진이 모든 사진을 통틀어 가장 특별하다(엘로디는 공식적인 모임 후 즉흥적으로 그녀와 함께 한 이 거리 산책에 대해 니콜라가 마치 특별한 사건에 대해 이야기하듯 여러 번 되풀이해 이야기했다고 나에게 말했다).

모니터에서 볼 수 있는 영상들의 긴 행진에는 법정, 연단, 콘크리트 울타리, 비행기, 연회장, 명사들과 함께 하는 공식적인 모임, 검은 승용차들 뒤에 숨겨진 무한성이 엿보인다. 그것들은 흉측한 총체를 감추고 있는 경우가 많다. 그 영원한 장식들 속에서 똑같은 한 사람이 똑같은 노력을 반복하는 것이다.

"니콜라 사르코지는 올해 마지막으로 군중과 어울리는 행사로 오를레앙의 크리스마스 시장을 선택했다……" 신문에 이런 기사가 났다. 씁쓸하고 불안스러운 어울림. 사람들은 한쪽에서는 '사르코(사르코지의 애칭—옮긴이) 대통령'을 연호하고, 다른 쪽에서는 '사르코가 가는 곳에 정의는 없다'를 연호한다. 그밖의 또 다른 욕설들도 들린다. 똑같이 극도의 흥분에 사로잡혀 고래고래 소리를 지른다. 그들은 군중 속에서 자신의 존재를 해체당한 희생자들이다.

마르세유에서 한 여자가 빨간 신호등 위에 올라가 외쳤다.
"당신, 빌어먹게 우리 구역에서 뭘 하고 있는 거야! 썩 꺼져!"
니콜라는 그녀가 있는 쪽을 향해 눈을 들었다. 그런 다음 미소를 띤 채 소란스러운 행진을 계속했다.

그가 신문을 집어든 뒤 읽지는 않고 재빨리 훑어보며 빠르게 페이지를 넘기는 모습을 나는 너무나 자주 보았다. 너무나 많은 사람이 일반적인 통념에 만족한다는 것을 내가 깨닫기까지는 오랜 시간이 걸렸다. 그들은 술에 곤드레만드레 취해 있고, 피부에는 두꺼운 각질이 덮여 있다…… 어느 날 갑자기 한 가지 호기심이 내 뒤통수를 후려쳤고, 나는 그에게 물었다.
"당신은 스스로를 보호하나요?"
그가 대답했다.
"물론 그래야 하지요."

나중에, 그가 노아유 중앙위원회에서 나올 때, 사람들이 모여들어 휘파람을 불어대며 그에게 야유를 보냈다.
돌아오는 비행기 안, 그가 불러일으킨 그 폭력적인 반응에 대해 어떻게 생각하냐고 질문한 어느 기자에게 그는 모호한 사회학적 담론을 방패막이 삼아 답변했다. 나는 놀랐다. 평소에 그는 질문을 교묘히 회피하거나 우회적으로 답변하지 않기 때문이다.

나는 니콜라의 작은 응접실에 그와 단둘이 앉아 있다. 나는 그가 오늘 하루 무엇을 마음속에 새겼는지 알고 싶다. 우리 뒤에는 밤참 테이블이 멋지게 세팅되어 있다. 나는 니콜라에게 대통령의 마지막 담화문 발표 방송을 함께 보기를 원하냐고 물었다. 내가 요청하지 않아도 그가 그 방송을 볼 것인지 나는 예측할 수가 없었다. 전혀 알 수 없었다. 그는 하얀 셔츠에 검은 벨벳 상의를 입고 있었다. 넥타이는 매지 않은 상태였다. 그는 텔레비전 켜는 방법을 잘 몰랐다. 그가 사람을 불러 여러 번 물었다.

"대통령의 마지막 담화문 발표 방송이 몇 시에 시작하지?"

마침내 방송이 시작되고, 공화국의 국가가 흘러나왔다.

그는 오렌지 주스 한 잔을 들고 자리에 앉았다.

자크 시라크 대통령이 나왔다. 그는 눈이 튀어나왔고 안색이 몹시 창백해 보였다. 니콜라가 말했다.

"저런!"

나중에 그는 이렇게 말했다.

"나는 텔레비전이 그런 것인지 몰랐어요. 만약 알았다면 그분에게……" (그런 것이 바로 텔레비전이다.)

우리는 조용히 대통령의 담화문 발표를 들었다. 니콜라가 고개를 가볍게 흔들고 평소처럼 가벼운 몸짓으로 다리를 움직였지만, 나는 못 본 척했다.

니콜라는 아무것에도, 거의 아무것에도 반응을 보이지 않았다. 하지만 나는 그가 무관심하다고도, 초연하다고도 생각할 수 없었다. 그는 대통령의 마지막 발언에서 아무것도 기대하지 않고 있었다. 하지만 나는 내가 옆에 있다는 사실이 그에게 미치는 영향과 이번에 내가 그로 하여금 '젠체하도록' 이끌었다는 사실을 무시할 수 없었다. 세실리아가 들어왔다. 그녀는 자리에 앉았다가 다시 일어나 조명과 텔레비전 선을 살펴보고, 자신의 블랙베리(캐나다의 리서치인모션(RIM)이라는 회사가 개발·제조하는 PDA. 휴대폰 기능은 물론 별도의 기기 없이 통신이 가능하고, 키보드가 장착돼 있어 이메일 확인 및 문서입력도 가능하다. 북미 및 유럽 비즈니스맨들이 많이 사용한다—옮긴이)를 확인했다. 그런 다음 다시 텔레비전을 보았다.

대통령이 TV 화면에서 모습을 감추었다. 이후 방송되는 내용을 듣고 싶지 않은 듯 니콜라가 텔레비전 볼륨을 줄여버렸다. 니콜라의 논평은 다음과 같았다.

"상투적이고 시대에 뒤떨어졌어요. 탁월함도 없고 말입니다. 나라면 이렇게 말했을 거예요. '제가 여러분에게 봉사한 지도 어느덧 십이 년입니다. 그리고 이제 새로운 시대가 시작되려 합니다……'"

하지만 몇 분 뒤 우리가 다른 것에 대해 이야기할 때, 그는 활달한 어조로 혼잣말처럼 말했다.

"나는 늙은 사자에게 여전히 에너지가 있다는 것을 깨달았습니다."

니콜라가 직접 뭔가를 찾아서 가지고 와서 말했다.

"세실리아의 크리스마스 선물입니다."

그것은 아르쿠라고 사인이 되어 있는, 액자에 끼운 커다란 흑백 사진이었다. 사진 속에는 그의 세 아들이 있었다. 막내가 가운데에

새벽 저녁 혹은 밤 73

있고 양 옆에 장남과 차남이 있었다.

"세실리아의 아이디어입니다. 그녀가 직접 생각해냈죠. 그녀가 내게 뜻밖의 선물을 해줬어요. 그녀의 크리스마스 선물입니다. 이 세 아이들을 한데 모은다는 것은 쉽지 않았을 거예요! 그녀가, 세실리아가 내게 좋은 선물을 해준 거죠." 그가 보여준 것은 단순한 사진이 아니었다. 세실리아의 제스처였다. 안락의자의 팔걸이 위에 그가 올려놓은 것은 세실리아의 제스처였다.

자정에 우리는 키스를 나눴다. 이제 2007년이었다. 우리는 막 시작된 새해가 평범한 새해인 것처럼 키스를 나눴다. 그는 그런 식으로 새해를 맞이하기를 원하는 것이 틀림없었다.

우리는 보보 홀에서 헤어졌다. 그는 미소를 지었고, 낯가림이 심한 치와와 빅과 함께 정원으로 갔다.

어느 날 G.가 나에게 말했다.

"나는 영원합니다."

그 말은 도발적이고 결정적이었다.

새해 첫날인 오늘 아침, 나는 G.의 말을 되새기면서 그가 자신이 영원하다고 생각하는 근거가 무엇인지 깨달았다. 그는 죽음이 다가오는 것을 보지 못하는 것이다. 그렇게 방심할 줄 아는 것은 천부적

재능이다. 그런 그가 달리 어떻게 하겠는가?

반면 처음에 내가 갖고 있던 선입견과는 반대로, 니콜라 사르코지는 시간의 흐름에 대한 그러한 경박한 재능을 부여받은 것 같지 않다.

장 미셸 구다르와의 점심 식사 자리.

그는 현재의 상황에 대해 냉정한 태도를 보였다. 우리는 니콜라의 조깅 속도에 대해 이야기했다. 그는 요즘 니콜라가 끈기가 부족하다고 말했다.

"나는 니콜라를 놀라게 하기 위해 열심히 훈련합니다. 전에 그는 내가 조깅하는 모습을 보고 깜짝 놀랐습니다. 이제 그는 많이 발전했고 한창 열이 올라 있습니다. 함께 조깅할 때 나는 그의 리듬에 맞추려고 고집하지 않습니다. 내가 바라는 것은 그의 뒤에서 뛰는 것입니다. 당신도 알다시피, 니콜라는 내가 앞서는 것을, 내가 그에게 한 방 먹이는 것을 견디지 못할 거예요. 나는 내가 겸허하다는 것을 보여주기 위해 후반에 조용히, 아주 멋지게 그를 앞질렀습니다. 그리고 그가 기쁨을 누리도록 마지막 순간에는 그가 다시 앞선 상태로 조깅을 끝냈죠."

장 미셸 구다르는 68세이다.

그는 여러 날 동안, 여러 주, 여러 달 동안 같은 자리에 머물러 있다. 대통령 선거 2차 투표일인 5월 6일(프랑스의 대통령 선거는 일단 1차 투표를 하여 과반수의 득표를 얻은 후보가 없을 경우 1차 투표에서 1위와 2위를 기록한 후보들에 대해 최종적으로 2차 투표를 하여 당선자를 결정하는 방식이다—옮긴이)까지 날짜가 얼마나 남았는지 세고 또 센다. 그때그때 기분에 따라 많이 남았다고도 말하고 얼마 남지 않았다고도 말한다.

새해가 시작된 후 첫 선거운동 회의.
그의 사무실 벽난로 주위에 열다섯 명 가량 되는 사람들이 반원 모양으로 앉아 있다. 그의 팀원들과 민간단체 회원들이다. 내 눈에는 참석한 사람이 너무 많고 본질적인 의제가 희석되어 보인다.
그는 언제나 같은 자리에, 불 가까이에 앉아 시가를 피우며 다리를 떨고 있다. 그가 말했다.
"정치인들과 함께 하는 회의는 조언을 듣기 위한 것이라기보다는 그들을 기분 좋게 해주기 위한 것입니다. 내가 선거운동을 보는 관점이 바로 여기에 있습니다. 여러분은 실용화할 수 있는 단체입니다. 하지만 다른 한편으로 보면 그들을 기분 좋게 해주기 위한 작은 정치단체입니다."

아작시오.

사회 직능별로 선출된 사람들이 점심 식사를 위해 마련한 원형 테이블 주변에 침울하게 앉아 있다. 마이크 앞에 서 있는 그의 옆모습이 보인다. 그의 목이 들소의 목덜미처럼 움푹 들어가 있고 상의 끝자락은 바람에 나부끼고 있다. 나는 속으로 생각했다. '배가 나오고 머리카락이 세면 그도 정치에 지쳐 숨을 헐떡이는 멍청이들의 김빠진 외양을 갖게 되겠지. 그런 외양으로 슬그머니 바뀌기 위해 이런 것은 별로 필요가 없어. 위험은 그들을 호시탐탐 노리고 있고, 삶을 최선의 것으로 바꾸어야 해. 그러지 않으면 위험은 단지 육체의 패배로만 끝나지 않을 거야.'

한 시간 뒤, 도청에서 보안에 대한 제한적인 회의가 열렸다. 그는 자신도 한 명의 경관으로서 경관들에게 이야기했다. 그는 영화배우들, 경찰들, 수사관들, RG(Renseignements Généraux, 프랑스의 국립 정보부—옮긴이) 부장, CRS(Compagnies Republicaines de Securité, 공화국 보안기동대—옮긴이) 대장과 함께 장방형으로 앉아 있었다.

그가 말했다.

"힘을 내세요, 목표에 도달하세요. 나는 믿습니다. 저들이 숨을 쉬도록 내버려두지 마세요. 그들을 추격하세요. 오십 명의 마피아가 참석하는 장례식들에 나는 질렸습니다."

그는 쉰 목소리로 말하며 한쪽 눈을 찡긋거렸다. 〈언터처블〉(1960년대에 만들어진, 세계적으로 인기를 끈 미국의 TV 시리즈물—옮긴이) 속의 로버트 스탁처럼.

"사회 직능별로 선출된 사람들은 마피아와 관계가 없습니까?"

"그들은 지역을 위한 목적과 공공 활동을 위한 목적을 갖고 있지요."

그가 고개를 끄덕였다. 그는 역시 현장 체질이었다. 또한 과묵한 사람이기도 했다.

잠시 후, 그가 낮은 목소리로 이야기했다.

"주저하지 마십시오. 나에게는 친구들이 없습니다. 하지만 어떤 경우에도 속임수를 쓰는 친구는 원하지 않습니다. 자, 그렇게 합시다."

"텔레비전으로 봐야 사르코지가 더 잘 보이겠네."

한 여자 주민이 말했다.

니콜라는 그녀 옆에, 삼 미터도 못 되는 곳에 있지만, 늘 그렇듯 마이크와 카메라들에 둘러싸여 있어서 잘 보이지 않았다. 우리는 헬리콥터를 타고 생트 뤼시 드 탈라노에 도착하여 민박집까지 가기 위해 걸어서 마을을 가로지르고 있다. 우리는 새로이 복원된 기름 짜는 방앗간 옆을 지나갔다. 바깥에 걸려 있는 확성기가 숙소의 작은 홀 안에서 말하는 사람들의 목소리를 토해냈다. 또한 가벼운 바람 소리와 시냇물 흐르는 소리가 들렸다. 겨울날의 해가 저무는 가운데 사람들의 말은 길 너머로 사라져버렸다. 통합을 위한 시도, 속지주의, 지방 도시들의 발전, 시골의 특성…… 하지만 그는 아무것도 보지 못했다.

소나무들을, 둥근 기와를 쌓아올려 지은 집들 주변에 심어져 있는 헐벗은 벚나무들을, 연기가 피어오르는 굴뚝들을 보지 못했다. 그는 자기 앞에서 뒷걸음질로 걸어가는 카메라를 든 사진기자들 바깥에 있는 것은 아무것도 보지 못했다. 그는 기자들에게, 선출된 사람들에게, 운이 좋은 몇몇 사람들에게 이야기를 하느라 되는 대로 걸으며 보도 위를 나아갔다. 그는 다른 것을 보려고 애쓰지 않았고, 그 야단스러운 커튼을 젖히려고 애쓰지 않았다. 그는 아름다운 광경이 불쑥불쑥 튀어나오는 담장들에 가까이 다가가지 않았다. 단 한 번도 발걸음을 멈추기를 원하지 않았다. 가끔 몇 초 정도 걸음을 멈추고 높은 건물들과 그 안에 있는 사람들에 대해 곰곰이 생각했을 뿐이다. 간소하고 밋밋한 돌들로 지은 그 건물들은 땅을 굽어보고 있었다. 그는 경사면에 바싹 붙어 있었으므로, 저무는 햇빛 속에서 오렌지빛을 띠고 있는 초록색 떡갈나무 숲을, 올리브 나무들을, 밤나무들을 보지 못했다. 그는 아무것도 보지 못했다.

  나중에 파리로 가는 비행기 안에서 그는 이렇게 말했다.
  "그 마을 참 멋있었어요."

나는 수첩 속에서 다른 '출장' 때 그가 한 다음과 같은 말을 발견했다. "나는 내가 사랑하는 누군가와 함께 있을 때만 경치를 사랑할 수 있다." 공허한 문장이다. 마치 도처에서 사랑의 깃발을 휘두르기라도 할 기세다. 그는 그런 식으로, 자기 편의대로 잘 빚어낸 일련의 신앙고백을 하고, 철학적 사고를 흉내낸다. 그는 그렇게 한 말을 진짜로 믿어버리는 듯하다.

'출장.' 짐꾸러미 혹은 나른한 육체를 연상시키는 기묘한 단어다.
코르시카에서 돌아오는 비행기 안에서 그가 《르 피가로》와 《르 몽드》의 기자인 샤를 제귀와 필리프 리데에게 말했다.
"나는 당신들이 써대는 빌어먹을 기사들의 고갈되지 않는 취재원이군요!"
우리 세 사람은 동시에 그 말에 주목했다. 그들은 마지못해 그의 말을 인정했고, 셋 중 나만 그 무례한 발언을 활용하게 된다.

대통령 후보 공식지명 때 할 연설을 준비하기 위해 니콜라와 앙리 귀에노가 니콜라의 아파트 안 작은 사무실에 앉아 있다.
밖은 밤이다. 니콜라는 체크 무늬 셔츠에 플란넬 바지 차림으로 시가를 피우며 긴 소파에 앉아 있고, 앙리 귀에노는 스네이크우드(브라질 원산의 협죽도과의 덩굴성 상록 관목. 높이는 1미터 정도이며, 줄기와 뿌리의 꼬임새가 뱀 모양이다—옮긴이)로 만든 나지막하고 기묘한 테이블 맞은편에 놓인 안락의자에 앉아 있다.
앙리(갖고 있는 서류들을 분류하며) : 저는 환경보호 정책들이 그리 만족스럽지 않습니다. 딱 맞아떨어지는 것이 하나도 없어요.
니콜라 : 우리는 노동자들에게서 뽑아낸 것을 환경 오염물 해결에

쏟아붓는 거야…… 나쁘지 않잖아? 나쁘지 않아, 그래! 이런 식으로 말한 적은 한 번도 없었지만, 나는 '노동자'라는 단어가 두렵지 않네!

앙리 : 그래요, 나쁘지 않네요.

니콜라 : 내가 이제껏 말하지 않은 것이 하나 있네. 하지만 빌어먹을, 이젠 말해야겠어. 그것은 바로 '완전무결한 공화국'을 만들어야 한다는 거야. 자네 그 점에 대해 몸과 마음을 바쳐 최선을 다하게.

앙리 : 알겠습니다.

니콜라 : 한 가지 더 말해야겠네. 나는 내 친구들에게 제발 나를 자유롭게 내버려두라고 부탁하고 싶어.

앙리 : 그건 좋지 않은 태도인데요. 하지만 좋아요! 아주 좋습니다!!

그들은 서로 바라보며 웃었다. 나는 수첩에 다음과 같이 적고 동그라미를 쳐놓았다. '두 명의 감상주의자.'

니콜라(흥분하여 일어서서 치아를 전부 드러낸 채 앙리가 적은 문장들로 즉석연설을 한다) : ……프랑스는 과거의 향수 속에 머물지 않을 것입니다. 과거 앞에 꿇어 엎드리느라 미래를 간과해서는 안 될 것입니다…… 위대한 국가들 중 어떤 나라들은 오랜 역사에 얽매여 미래를 잊어버리는 경향이 있습니다. 하지만 중국은 미래와 결혼했습니다!…… 자네 알겠나, 앙리? (그가 앙리에게 다가가 앙리의 손을 두들겼다.) 이 연설은 내 삶을 통틀어 가장 중요한 연설이 될 거야. 나는 자네가 필요해. 자네를 사랑하기 때문이 아니라, 우리가 같은 파장을 갖고 있기 때문이야!

니콜라는 한 손에 시가를 든 채 사무실 안을 이리저리 걸었다. 그의 뒤쪽 서가에 파란색 물결무늬 천으로 장정된 두꺼운 책 한 권이 꽂혀 있었다. 『샤를 드골 연설집』이라는 제목의 책이었다. 그가 창문을 열었다. 축축한 밤바람이 방 안으로 들어와 벽난로의 불길을 돋우었다.

앙리 : 제 생각에 가장 중요한 것은 일자리 문제 같습니다.

니콜라 : 그래, 바로 그거야! 그거라고! 일자리 문제가 가장 중요해! 중요한 것이 두 가지가 있는데, 무엇이냐 하면 프랑스는 아직 끝장나지 않았다는 것과 일자리 문제라고.

(나는 파브리스와의 전화 통화에 대해 생각했다. 파브리스는 이렇게 말했었다. "우리가 가진 잠재성에 관한 완벽한 제안이로군요. 하기야 아침에 일찍 일어나라고 지치지 않고 독려하는 것보다는 낫죠. 대체 누가 아침에 일찍 일어나고 싶어한단 말입니까?")

앙리 : 그날 우리는 청중의 박수가 아니라 침묵을 노려야 합니다.

니콜라 : 하지만 잠깐, 잠깐 기다려보게!……

그가 초조한 듯 손과 머리를 움직였다. 그 몸짓들의 의미는 다음과 같았다. '나도 알아, 내가 자네보다 먼저, 자네보다 더 잘 알고 있다고. 자네가 생각하는 그 침묵에 대해서 말이야!……' 잠시 후 그는 낮고 열렬한 음성으로 우리 두 사람 앞에서, 하지만 5만 명 앞인 것처럼 조르주 만델(Georges Mandel, 1885~1944, 프랑스의 정치인이자 레지스탕스 운동가—옮긴이)에 대한 찬양을 시작했다.

"한 지도자의 어린 시절 백 일간의 행적이 니콜라 사르코지의 삶을, 그의 사람됨을 바꿔놓게 됩니다. 이것은 지금껏 여러분에게 한 번도 말하지 않은 내용입니다. 저를 엘리제 궁으로 보내주십시오. 저 니콜라 사르코지는 돌진할 것입니다……"

  그는 온갖 종류의 주간지 표지에 등장했고, 어느 일간지는 여러 페이지에 걸쳐 그의 장점과 단점, 그의 감정, 그의 여자들, 그의 비밀, 그의 야망, 그의 이미지, 그의 자아, 그의 욕망 등을 상세히 다루었다. 미화된 전기, 만화, 소책자 등 이미 나온 열 권 가량의 책에 덧붙여 올해 초에 네다섯 권의 책이 그에게 헌정되었다.
  최근에 나온 그 책들의 저자 중 한 사람인 미카엘 다르몽이 뤼테티아 호텔의 회전문 안에서 놀라운 지적을 했다.
  "사람들은 그를 모릅니다. 사람들은 그가 누구인지 몰라요."
  내 친구 프랑수아도 이렇게 언급했다.
  "그는 조명을 많이 받을수록 불투명성 속에 파묻히는 것 같아."

  "카트린 네(Catherine Nay, 1944~, 프랑스의 정치기자·저술가.《렉스프레스》 등에서 일했으며 2007년 니콜라 사르코지에 관한 책『욕망이라는 이름의 권력』을 발표했다—옮긴이)의 책에는 어떤 가치가 있지요?"
  베르사유 문 근처. 1월 13일 토요일. 그의 대통령 후보 공식지명 연설을 하루 앞둔 밤이다. 그는 다음날 그의 숙소로 사용될 방 안의 검은색 가죽 안락의자에 앉아 있다. 그의 주변에는 브리스 오르트푀, 피에르 샤롱, 파트릭 드베지앙, 클로드 귀에앙, 로랑 솔리, 프레데릭 르페브르, 프랑크 루브리에, 다비드 마르티농이 있다.

니콜라가 물었다.

"연설 내용 중 바보 같은 소리가 너무 많지는 않은가?"

사람들이 그를 안심시켰다. 사람들은 또한 세실리아와 함께 《렉스프레스》지 표지에 등장한 그의 모습이 매력적이라고, 면도가 말끔히 되어 있지 않아서 그런 것 같다고 말했다.

그러자 니콜라가 이렇게 응수했다.

"그렇다면 내가 수염을 길러야 할까?"

그는 평소의 습관처럼 신문과 잡지들을 뒤적이기만 할 뿐 거의 아무것도 읽지 않았다. 반면 나는 거의 모든 것을 수첩에 기록했다. 니콜라는 그의 첫 번째 아내 마리 도미니크를 인터뷰한 《르 파리지앵》의 기사에 대해 잘 알고 있었다. 그녀는 그 기사에서 이렇게 말했다. "니콜라와 함께 지낼 때, 우리는 교회에 열심히 출석했지요. 나는 그가 하느님을 믿기를 늘 바랐어요. 그가 평화를 찾았으면 해요."

내가 그 기사에 대해 묻자 니콜라가 말했다.

"그건 마리 도미니크에게 물어보세요! 당신은 이해하겠지요!…… 젊었을 때 내가 하느님과 가까웠다고 말하기 전에 그녀가 내게 전화라도 했을 것 같습니까!"

"당신은 젊었을 때 정말 하느님과 가까웠나요?……"

"야스미나, 당신 조심해요……!"

휴대폰이 울렸다. 그의 큰아들이었다. 그는 애칭을 써가며 부드러운 어조로 아들과 통화를 했고, 회의가 끝나면 빨리 돌아가겠다고 약속한 뒤 입맞춤까지 보냈다. 매우 '열렬'하고 상냥하게, 나지막한 목소리로 이야기했다.

"사람들이 내게 하는 조언들 중에는 끔찍한 것들도 있습니다. 하지만 나는 어쨌든 그들의 말을 듣습니다. 그들은 어떤 계획에 대해 너무 이르다고 말합니다. 그리고 비슷한 계획에 대해 너무 늦었다고도 말해요. 조언이란 바로 그런 것입니다. 시기가 맞지 않지요."

그가 갑자기 긴장을 풀고 즐거워했다. 그는 화제를 돌려 브리스 오르트푀를 돌아다보며 그들의 젊은 시절에 대한 이야기를 시작했고, 풋내기인 나는 머릿속으로 조금 상상을 해보았다. 모든 사람들이 그 이야기를, 그가 브리스와 함께 했던 뇌이 시청에서의 시간들을, 그들이 했던 엉뚱한 행동들을, 그들의 미국 여행에 대해 잘 알고 있었기 때문이다.

"그때 나는 스물여덟 살이었지. 자네는 스물다섯 살이었고…… 삼십 년을 알고 지내는 동안 우리는 딱 한 번 말다툼을 했답니다. 어떤 일이었느냐 하면, 이 사람이 아가씨 두 명을 알고 있다면서 나에게 이렇게 말하는 거예요. '그 중 한 명은 내 여자예요. 하지만 내가 저녁 식사 비용을 지불해야 한다면 다른 여자도 당신에게 기회가 가지 않을 겁니다!……'"

그는 이곳에서 할 일이 더는 없었다. 하지만 그는 머물러 있었다. 계속 머물러 있으면서 친구들과 함께 이야기를 하고 웃었다(나는 '친구들'이라고 썼다. 사실 '측근들'이라고 쓰는 것이 옳을 것이다. '친구'라는 단어를 그런 명칭을 자랑스러워하는 사람들에게 써도 되는지 잘 모르겠다. 하지만 나는 감정이입 상태에서 '친구'라고 썼다. 왜냐하면 니콜라가 그들과 그런 가벼운 친밀감을 형성하는 것을 이제껏 한 번도 보지 못했기 때문이다).

"벌써 이십오 년이 흘렀군…… 그 시절이 가장 재미있었어."

그는 미소를 띤 채, 상냥한 어조로 말했다. 즐거움, 불손함, 그것을 즐기기 위해 인생을 낭비하려는 욕망…… 내일 그는 연단에서, 수천 명의 사람들 앞에서 그의 프랑스에 대해 그리고 대성당들에 대해 이야기할 것이다. 그는 발미, 조레스 그리고 크리스티앙 신부에 대해 이야기할 것이다. 하지만 그가 지금 여기서 하는 말은 이런 것이다. "이젠 당신들이 여자들보다 내게 더 중요하지." 그는 서두르지 않는다. 그는 자신의 팀원들, 자신의 '친구들'과 함께 웃고 싶어한다. 그는 실내의 어두운 조명 속에 아무런 근심 없이 앉아 있다.

돌아가는 자동차 안. 아까와 비슷한 순간들을 많이 알고 있는 로랑과 피에르가 그들의 추억을 나에게 들려주었다.

몇 시간 전, 대통령 후보 공식지명 행사를 위한 최종 점검을 하느라 모두들 불안해하는 동안, 나는 그가 두 손을 외투 호주머니에 찔러넣은 채 혼자서 계단을 내려가는 것을 보았다. 그가 도중에 걸음을 멈췄다. 그리고 엑스포지시옹 공원의 넓은 공간을, 줄지어 놓여 있는 빈 의자들을, 양쪽 측면을 멀리 응시했다. 그가 모니터 쪽으로 몸을 돌렸다. 모니터에는 작은 초록빛 골짜기가 보였고, 통합을 상징하는 새 한 마리가 그 골짜기 위를 지나가고 있었다.

계단 발치에 도착한 그가 장 미셸을 따로 불러서 말했다.

"마침내 내일이군. 나는 내일 혼자 앉고 싶지 않네. 나를 이해해주게나…… 누군가와 함께 이야기를 하면서 앉아 있는 게 좋을 것 같아…… 나를 혼자 내버려두지 말게……"

"누구와 함께 앉고 싶으신데요? 정치인들요?"

"……자네들이 첫째 줄을 전부 채워주게. 나는 우리가 함께 단상에 나가면 좋겠어. 혼자 나가고 싶지 않네."

1월 14일 일요일.

다른 연설자들이 분위기를 달아오르게 하는 동안 나는 연단 뒤에서 앙리 귀에노와 대화를 나눴다. 그가 니콜라와 연설에 관해 이야기를 나누는 자리에 동석한 이후 나는 앙리 귀에노를 다시 만나지 못했다. 앙리는 연설문에 만족한 듯 보였지만 마지막 일 분이 바뀌어버린 것에 대해 불만스럽게 여기는 듯했다(뭔가를 불만스럽게 여기지 않는다면 앙리가 아니다). 앙리는 니콜라가 '혼혈'이라는 단어를 삭제

한 것을 불만스럽게 여겼다.

앙리는 니콜라에 대해 이렇게 말했다.

"그는 재치 넘치는 논쟁들로 그 단어를 열렬히 변호하고는 그 단어를 위험한 것으로 간주하는 X와 Y의 의견을 따르는 것으로 끝내버렸습니다. 하지만 우리가 특정한 어떤 단어를 두려워한다면 패배의 비탈길 위에 서 있는 것이나 마찬가지지요!"

그는 성이 나서 격렬한 어조로 말했다. 그것 또한 그의 매력이었다. 내가 물었다.

"당신은 니콜라에게 또 무슨 말을 했나요?"

"나는 그가 그 자신으로서 존재하지 않는다면 우리에게 아무런 이익도 없을 거라는 내용을 건너뛰게 했어요."

하지만 한 시간 뒤 행해진 니콜라의 후보 지명 연설에서 앙리 귀에는 '혼혈'이라는 단어를 한 번이 아니라 두 번이나 듣는 기쁨을 누렸다.

논조가 반대되는 일간지 두 종에 난 사진 두 장. 니콜라가 대통령 후보로 지명된 다음날 몽 생 미셸 수도원 꼭대기에서 찍은 사진들이다. 나는 같은 순간에 찍힌 그 사진 두 장을 다른 사람들처럼 신문에서 보았다.

니콜라는 검은 터틀넥 스웨터에 검은 외투를 입고 창백한 하늘을 배경으로 앞쪽의 만灣을 응시하면서 중세 건축물의 돌출부에 고독하게 서 있다.

그는 오른쪽에 치우친 돌투성이의 돌출부 한가운데에 혼자 서 있다. 사진 속의 그는 아주 작게 보이고 그의 주변엔 부자연스러운 공허감이 감돈다. 오 미터 떨어진 방벽 뒤에는 마이크와 카메라를 든 사나운 무리가 서 있다.

한창 회의를 하던 중 니콜라의 기분이 갑자기 좋아졌다. 이유가 무엇일까? 나는 모르겠다. 그는 자주 그런 식이다. 긴장하고 근심스러운 표정으로 회의 장소에 도착했지만 갑자기 표정이 밝아졌다.

"나는 쥐페(Alain Juppé, 1945~, 프랑스의 정치인. 1995~1997년 총리를 역임했고 국무부 장관, 환경부 장관을 지냈으며, 현재 보르도 시장직을 맡고 있다—옮긴이)와 함께 베를린에 가고 싶어요. 좋은 생각 아닌가요?…… 나는 쥐페 그리고 메르켈과 함께 지옥 같은 하루를 보내게 될 겁니다…… 하지만 곧바로 마드리드에 가고 싶지는 않아요. 나는 '스피디 곤잘레스(Speedy Gonzales)' 같은 인상을 주기 싫습니다."

G. M. 브나무가 권유했다.

"만약 마드리드에 가게 되면 미술관을 꼭 방문하세요."

니콜라가 응수했다.

"고맙소, 이 머저리가 당신에게 고맙다고 말씀드리는 바입니다."

그 자리에 있던 사람들이 모두 웃었다. 그러나 그는 빈정거림에 그대로 머물러 있지 않았다. 그의 자만심을 진정시키기 위해서는 선거운동과 조금도 관련이 없는 고상한 주제인 피카소와 그의 작품 〈게르니카〉, 소피아 왕비 미술관(마드리드에 있는 스페인의 국립 미술관. 피카소의 〈게르니카〉가 이곳에 소장되어 있다—옮긴이), 벨라스케스와 그의 대작 〈궁녀들〉에 관해 논할 필요가 있었다.

플라토 드 사클레. 그가 대학 총장들 및 연구원들과 함께 테이블 앞에 앉아 있다. 그의 뒤에는 태양열을 이용하는 나노학에 관한 포스터가 붙어 있다. 이 모임이 그의 편을 들어주지 않을 것은 말할 필요도 없다. 그들은 고상하고 순수한 지식인들이고, 니콜라는 타협하기를 좋아하는 정치인이다. 그도 그 사실을 느끼고 있다.

"실례합니다만 내무부 장관님, 연구원은 통념을 파괴하는 자가 되어야 합니다."

"그렇다면 당신은 내가 통념을 파괴하는 자가 아니라고 생각하시는 겁니까? 오, 친구! 언론의 힘이 이곳 사클레에는 아직 도달하지 않았나 보죠?"

과학자들은 예의 바르게 미소를 지었다.

그가 질문했다.

"이 모든 일을 누가 이끕니까? 누가 결정을 내립니까?"

CNRS(Centre national de la recherche scientifique, 국립 과학연구 센터—옮긴이)의 여자 소장이 짧게 답변을 했다. 신중하면서도 교만한 그녀의 답변은 다음과 같은 결론으로 끝이 났다.

"무슨 결정을 내린다는 거죠? 당신의 질문은 말이 안 되네요."

니콜라는 그녀의 방약무인에 경탄한 듯 아무 말 없이 미소를 띠며 그녀를 바라보았다. 다른 사람이 그녀의 뒤를 이어 짧은 연설을 했다. 니콜라는 그 연설에 흥미를 보였으며 자기 느낌을 감추지 않았다. 그리고 이렇게 말했다.

"실례합니다만 그 말은 바보처럼 들리는군요. 나는 학문 연구에 특별한 관심을 갖고 있습니다. 하지만…… (그가 옆에 있는 사람의 팔을 붙잡았다) 하지만…… 음, 미안합니다. 나는…… 나는 그런 방식은 원하지 않습니다…… (그가 거짓된 수줍음을 보이며 미소를 지었다) ……나는 학장님께 군대식으로 하자고 말하려고 했습니다…… (학장님이란 에콜 폴리테크니크(파리 이공과 대학—옮긴이)의 학장을 말한다) ……나는 여기 모인 여러분들이 모두 분별 있다고 느낍니다. 그러니 내가 조심해야지요! ……아까 그 부분으로 다시 돌아갑시다. 무슨 결정을 내리냐고요? 전략에 대한 결정이지요. 이것은 좌파냐 우파냐 하는 문제가 아닙니다. 이것은 일관성의 문제예요…… 미안합니다…… 프랑스의 학문 연구를 위해 자원들을 끌어내 최대한 활용하려면 어떻게 해야 합니까? 나는 완고한 사람이 아닙니다…… 하지만 전략을 수립하려면 '방향성'이 필요합니다."

이런 단편적인 단어들, 설익은 채 내뱉은 문장들, 점잖은 망설임들이 얼마나 많았던가! 그러나 그의 시도는 대단히 매력적이고 그의 서투름은 사람의 마음을 호리는 데가 있어서 1차적인 의미에서 개념들을 그냥 통과시켜 버린다.

그가 아베롱에 가기 위해 분홍빛 셔츠에 검은 넥타이를 매고 있다. 나는 그가 물방울 무늬 넥타이를 매지 않았다는 사실을 그에게 상기시켰다.
"그래요, 당신은 물방울 무늬 넥타이가 마음에 들었나요?"
나는 지금의 그의 옷차림에 반대하지 않지만, 엘로디는 반대할 거라고 말했다.
그가 대꾸했다.
"어쨌거나 나는 상관없어요. 나는 그런 것에 신경 쓰지 않습니다. 나는 대중의 관심을 받는 사람이에요. 몽트리(춤과 노래로 소일했던 2차 대전 후의 젊은 남녀들인 예예족이 숭배했던 우상—옮긴이)처럼 말입니다."

그는 자기 집에서 새 텔레비전으로 〈양들의 침묵〉을 보았다. 그는 그 영화와 조디 포스터가 대단히 멋지다고 생각했다. 조디 포스터가 멋지다고, 커다란 화면으로 봐도 멋지다고 여러 번 말했다. 그는 전에는 〈양들의 침묵〉을 보고 싶다는 생각을 한 번도 해본 적이 없었다고 했다. 하지만 막상 보고 나니 그리 끔찍하지는 않다는 생각이 들었다고. 그는 침대에 작은 텔레비전을 새로 설치했고 세실리아 그리고 잔 마리와 함께 그 영화를 보았다. 그는 앤서니 홉킨스도 멋지다고 말했다. 그는 이런 말도 했다. 자신은 별장을 한 번도 가져본 적이 없는데, 이제는 한 채 갖고 싶다고. 그러면 아이들에게 뿌리를 제공할 수 있어서 좋을 것 같다고. 루이에게 작은 말 한 마리를 마련해 주고, 개도 몇 마리 키우고, 오토바이도 타면 즐거울 거라고. 그는 초대받은 기자들에게 《레퀴프》(프랑스의 스포츠 전문 일간지―옮긴이)에 대해, 올랭피크 드 마르세유 축구팀의 최근 소식들에 대해 논평했다.

그가 말했다.

"산토로는 세상 물정에 밝지요. 그는 말하고 다른 사람들이 들어주는 것에 너무나 익숙해 있어요. 사람들이 지켜봐해도 그는 자신의 일상생활을 노출합니다. 자신의 생활이 현재를 살아가는 평범한 한 사람의 생활이라는 생각을 더 이상 하지 못해요."

그가 렌 여성 중앙 교도소를 비밀리에 방문했다. 그 방문은 가족 면회실 방문, 즉 UVF(Unité de Visite Familiale) 방문으로 시작되었다. 가족 면회실은 교도소 1층에 있는 방 두 개짜리 아파트였다. 살아가는 데 필요한 최소 면적의 그 아파트에서는 미닫이창을 통해 풀과 담벼락 그리고 철책이 바라다보였다. 이 교도소에 들어온 여자들은 석 달에 한 번씩 이 아파트에서 48시간 동안 배우자와 아이들을 만날 수 있다.

교도소 부소장이 말했다.

"이곳에 수감된 여성들은 시간의 흐름을 자각하지 못합니다. 그녀들에게 시간은 여섯 달씩 뭉텅이로 흘러가죠. 그녀들은 일요일마다 기운을 회복하고, 그것으로 만족해요."

한 수감 여성이 가족과의 면회가 끝나고 나면 어떤 기분이 드냐는 니콜라의 질문을 받고 확고한 어조로 대답했다.

"헤어진다는 것은 괴로운 일이에요. 그래요, 특히 처음엔 더 그렇죠. 하지만 석 달 후면 또 다른 만남이 기다리고 있다는 것을 우리는 잘 알고 있답니다."

이런 공리적인 공간에서의 또 다른 만남이라. 마치 그런 만남이 어느 곳에서든 존재할 수 있다는 것처럼. 아파트의 거실에는 사람 세 명이 앉을 수 있는 긴 소파 하나, 의자 몇 개, 텔레비전이 놓여 있고, 침실에는 커다란 침대 하나만 덩그러니 놓여 있다. 아이가 테이블 앞에 앉아 숙제하는 것을 보고, 한 남자의 품에, 곧 사라질 그 품에 안겨 보내게 될 또 다른 만남. 다른 곳에서는 절대로 일어날 수 없는 광경.

나는 창을 등지고 앉아 여자들의 이야기를 경청하는 니콜라 사르코지를 바라보았다. 그는 무슨 생각을 하고 있을까? 누가 끊임없이 그의 삶을 뒤흔들까? 이곳의 여자들이 흐름을 자각하지 못한다는 시간에 대해 그는 어떻게 생각할까? 시간은 아무도 없는 이곳에서 조금 사랑받고 조금 애무받는 이들을 기대하게 하는 강력한 기대감일 뿐인가?

떠나기 직전, 교도소 예배당에서 나는 그와 안 수녀 사이에 오가는 다음과 같은 대화를 들었다.

"삶이란 무거운 것입니다."

"그렇죠."

"교도소에서만 그런 것은 아닙니다, 수녀님. 삶은 어디서나 무겁습니다."

지난밤 선종한 피에르 신부(Abbé Pierre, 1912~2007, 프랑스의 사제. 젊은 시절 레지스탕스 운동을 했으며 국회의원을 지내기도 했다. 엠마우스 운동을 통해 빈민 구제 운동에 헌신했으며, '프랑스인들이 가장 사랑하는 인물'로 수차례 선정되었다. 2007년 1월 22일 세상을 떠났다─옮긴이)에 대해 지역 언론에 한 발언은 몹시 감동스러웠다. 니콜라 윌로(Nicolas Hulot, 1955~, 프랑스의 유명한 환경운동가. 2007년 프랑스 대선에 대통령 후보로 출마했으나 2007년 1월 여당 후보들이 환경보호협약에 조인한 후 사퇴했다─옮긴이)의 사퇴 선언 때와 똑같은 심각한 얼굴과 애도하고 용기를 북돋는 어조였다…….

비행기 안에서 그가 말했다.

"피에르 신부가 지난 14일에 선종하지 않으신 게 다행이군요……"

"시라크가 나에게 전화를 해서 나를 믿는다고 말했습니다. (아연실색한 듯 입을 삐죽거리며) 그래서 나는 이렇게 대꾸했죠. '나는 당신을 믿지 않습니다. 당신도 알다시피 말입니다. 여섯 달 전, 당신은 내게 전화를 걸어 걱정된다고 말했죠. 그때 나는 당신을 믿지 않았습니다. 그리고 지금도 역시 당신을 믿지 않아요.' (어조를 바꾸며) 그랬더니 그가 뭐라고 한 줄 압니까! '나는 믿네…… 나는 믿어…… 믿는다고.'"

루이 르네 데 포레(Louis-René des Forêts, 1918~2000, 프랑스의 문인—옮긴이)가 쓴 다음의 구절을 다시 읽었다. "존재는 찾아지지 않는 출구를 찾아 각자 원을 그리며 도는 미궁일 뿐이다. 확고한 발걸음으로 삶을 편력하는 척하는 사람들에게도……"

빌 드 생 캉탱 호텔에서 회의를 시작하기 전 잠시 쉬는 시간이다. 대기실에서 그가 앙리 귀에노에게 말한다.

"앙리, 15일에 젊은이들 앞에서 할 연설 말이야, 나는 그 연설이 색달랐으면 하네. 나는 21세기의 대통령이 되고 싶다고 말하는 것으로 서두를 시작하고 싶어……"

나는 그 말을 듣고 웃었다. 그가 말했다.

"당신 웃는군요. 내가 당신을 혼내주겠어요. 그 말이 무슨 뜻인지 당신 압니까?"

그리고 잠시 후, 그가 나를 따로 불러 말했다.

"야스미나 레자, 당신은 하필이면 왜 21세기의 대통령이냐고 내게 묻겠지요? 그 말이 우습게 들립니까?"

 우리가 회의 장소로 들어갔을 때, 대단한 앙리는 첫째 줄에 앉아 미소를 띤 채 중얼거리고 있었다.

 "조레스…… 블룸…… 클레망소…… 진영이 없다(프랑스에 관한 한). 이 좌익인물들은 아무것도 이해하지 못했다……"

 그는 팔짱을 낀 채 목을 빼고 입을 반쯤 벌린 모습으로 드골 장군이 한 말을 속삭이듯 중얼거렸다.

 "딱 한 명 있었다……(프랑스에) 반 학생들 앞에서 자신의 작문을 읽는 선생님의 목소리를 경청하는, 가르마가 선명하고 머리칼이 희끗희끗한 소년 한 명이."

 니콜라가 지나가자, 들것 위에 누운 자기 남편을 보살피던 한 여자가 이상한 액센트로 외쳤다.

 "당신을 두 눈으로 직접 보니 신기하네요!"

 니콜라는 웃었다. 그는 다른 데 정신이 팔려 있었다. 시간은 밤이고, 르네 뒤보스 드 퐁투아즈 의료센터를 막 방문한 참이다. 그는 병동 안을 조용히 둘러보고, 유리창을 끼운 작은 사무실 안으로 살며시 들어가 의료센터 직원들과 악수를 나누고 어려운 점이 무엇인지 질문한다. 그는 SAMU(Service d'Aide Médicale Urgente, 긴급의료 서비스—옮긴이) 관제실 안의 컴퓨터들 주변을 어슬렁거리며 무심한 표정으로 보고를 듣는다(비상벨이 울부짖으면 그것은 사람이 죽었다는 뜻이다).

그는 음침한 조명이 밝혀진 복도를 다리를 조금 절면서 걷는다. 그는 보건부 장관 그리고 AFP의 여성 기자와 농담을 한다. 그 자리에 와 있는 유일한 기자다. 검은 터틀넥 스웨터에 헤링본 상의를 입은 보안 요원이 이십 미터 앞에서 우리를 인도하고 있고, 그는 한 손에 휴대폰을 든 채 절뚝거리면서, 손가락으로 옆의 벽을 두드리면서 복도를 걷는다. 그런 그의 모습이 어디로 가든 상관없다는 인상을 풍긴다.

니콜라 사르코지와 토니 블레어가 단둘이 만나는 동안, 나는 블레어의 비서실장인 조너선 파월, 대변인 데이비드 힐 그리고 미셸 바르니에(Michel Barnier, 1951~, 프랑스의 정치인. 현 농수산부 장관—옮긴이)와 함께 점심을 먹었다.

우리가 커피를 다 마신 후, 니콜라가 토니 블레어와 함께 나타났다. 니콜라가 토니에게 나를 천재적인 작가라고 소개했고, 토니는 런던에서 내가 거둔 성공에 대해 여러 번 들었다고 예의를 갖춰 말했다. 나는 이십 년 전 내 아버지가 렌 거리에 레이몽 바르(Raymond Barre, 1924~, 프랑스의 정치인. 1959년부터 드골 정권하의 정부 요직에서 활약했다. 유럽공동체(EC) 경제담당 부위원장, 총리 겸 경제부 장관을 지냈다—옮긴이)에게 나를 소개했던 때로 다시 돌아간 듯한 느낌이 들었고, 영어 단어가 한마디도 기억나지 않았다.

나는 다우닝가 10번지(영국 총리관저가 있는 곳—옮긴이) 밖으로 나갔다. 보도 건너편에 기자 여러 명이 모여 있었다. 나는 그들에게 겸손

한 미소를 보냈다. 왜냐하면 그 순간 나는 영국 총리와 마주 앉아 점심 식사를 한 사람이었기 때문이다.

영국 총리관저 현관 앞.
"좋아요, 여기에 경솔한 귀들은 없겠지요? 우리는, 토니와 나는 결정을 내렸습니다. 우리는 유럽을 정복할 겁니다!"
두 사람은 문 앞에서 즐겁게 포즈를 취했다. 의전에 따르면 같은 지위에 속하는 인물들끼리나 연출할 수 있는 드문 광경이라고 사람들이 내게 귀띔했다.

플러스 구직센터에서 한 청년이 그에게 말했다.
"헤이, 당신도 일자리를 구하고 있나요?"
그가 대답했다.
"아마도요."

처칠 박물관. 여러 장소를 이렇게 빠른 속도로 방문한다는 것은 글자 그대로 불가능한 일이다.

"가엾은 처칠은 완전히 의기소침했어요."
그는 이렇게 말했다. 몽소 레 민으로 가는 기차 안에서 그는 이 말을 한 번 더 했다. 그때 나는 '작전' 임무라도 맡은 것처럼 정신없이 종횡무진하는 것에 대해 그를 비난한 참이었다.

내가 말했다.

"당신은 처칠을 제대로 파악하지 못하고 있어요."

"그렇지 않습니다. 이런 말을 해야 한다는 사실이 조금 괴롭긴 하지만 말해야겠네요. 어떤 사람이 멋진 사이클 선수 복장으로 자전거를 탄다 해도, 조깅을 한다 해도, 인간들 중에서 가장 절제심 있는 사람이라 해도, 전쟁을 즐기지 않는다면 어떻게 처칠을 제대로 파악할 수 있겠습니까?"

"알스톰사 사장님과 대중운동연합의 회계 담당자가 계시니 그만 입을 다물게요. 하지만 어떻게 처칠을 좋아하지 않을 수 있죠? 당신은 아마 고문서 보관소의 이미지에 겹쳐 다음과 같은 그의 모습을 상상했을 거예요. 거만한 영웅이자 알코올 중독자인 그가 수영장에서 해마 같은 몸에 배를 불쑥 내민 채 어린이용 미끄럼틀 위를 미끄러진 뒤 웃음을 터뜨리며 물 속에 들어가는 모습을요!"

디디에가 나에게 말했다.

"그는 나쁜 의미에서 미국인입니다. 그의 인성에는 혼란스러운 미로 같은 부분이 결핍되어 있어요."

니콜라와 함께 사보이 호텔에서 마르크 레비(Marc Levy, 1961~, 프랑스의 소설가. 『천국 같은』 『너 어디 있니?』 『영원을 위한 7일』 등의 작품을 발표했으며 많은 책이 베스트셀러가 되었다―옮긴이)를 기다리며 차를 마시고 있다. 작금의 상황에 대해 이야기하는 그의 어조는 다정하고, 내 '속물근성'에 대한 신중한 암시에서는 날카로운 성급함이 느껴진다.

그가 말했다.

"책 수백만 권을 판 사람을 만난다니, 흥미가 당기네요. 내가 마르크 레비의 책을 읽지 않았다면, 투르 드 프랑스(매년 7월 프랑스에서 개최되는 프랑스 일주 사이클 대회―옮긴이)를 보지 않았다면 나는 다른 직업을 가졌을 겁니다. 조심하세요, 그가 왔네요."

작가로서의 두 사람 사이의 대화.

니콜라 사르코지 : 내 목표는 해수욕용 튜브와 출판물 사이에, 팔라바스 레 플로에 있는 것입니다.

마르크 레비 : 저 역시 있었던 곳이지요.

니콜라 사르코지 : 나도 압니다. 당신은 판매순위에서 언제나 나를 앞서니까요. 내 딸아이가 당신을 몹시 좋아한다고 말해달라고 내게 부탁하더군요. 그 아이는 당신의 열혈 팬이랍니다. 나도 그렇게 될 것 같은 생각이 드는군요. 하지만 당신은 언제나 내 앞에 있어요.

마르크 레비 : 당신은 포켓판을 출간하는 것에 관심이 있으시겠군요. 당신의 책은 훌륭합니다. 당신은 새로운 대중, 젊은이들에게 당신을 펼쳐 보이게 될 거예요.

니콜라 사르코지 : 만약 당신이 잔을 위해 사인을 해준다면 그애가 몹

시…… 야스미나, 당신 종이 가진 것 있어요? 이런, 시골뜨기처럼 굴지 말고 편안히 있어요!

방금 어느 친구에게 위의 문단을 읽어줬더니 그 친구가 이렇게 말했다.
"당신 성격 중에 정말 그런 부분이 있어요."

니콜라가 말했다.
"그저께 어느 공장에 갔어요. 나는 화물 상자 위에 올라가 짧은 연설을 했습니다."
그의 앞에는 기부자들이 세련된 양복을 입고 한 손에 잔을 든 채 애정을 담은 눈길로 그를 바라보고 있었다.
화물 상자 위에서 한 짧은 연설, 그는 그것에 대해 끊임없이 이야기했다.
"나는 매주 공장들을 방문하고, 화물 상자 위에 올라가고, 연설을 합니다."
프레이즈 반盤 직공들, 조립공들 한가운데에 있는 화물 상자 위에서 하는 짧은 연설. 그는 그런 명칭들을 말하는 것을 좋아했다. 그리고 그것은 그의 큰 자부심이었다.

같은 사람들 앞에서 그가 말했다.

"마담 루아얄이 나를 도와줄까요? 확신할 수 없는 일입니다. 프랑스에 악조건이 전혀 없다고는 확신할 수 없어요."

런던에 사는 프랑스 사람들을 위한 집회가 열릴 올드 빌링스게이트 마켓의 홀로 가느라 한바탕 소동이 벌어졌다. 우여곡절을 거쳐 건물 안으로 간신히 들어간 후, 나는 그를 다시 만났다. 그는 분장을 하고 있었다. 나는 그 모습을 보고 믹 재거보다 더 끔찍하다고 말했고, 그는 내 비유에 몹시 즐거워했다. 돌아가는 길에 그는 프랑수아 피용(François Fillon, 1954~, 프랑스의 정치인. 사회문제 장관, 교육부 장관을 역임했으며, 니콜라 사르코지 정부가 출범하면서 총리에 지명되었다—옮긴이)에게 이렇게 말했다.

"그 사람들 비틀스 이후 그런 난리법석은 본 적이 없었을 거예요."

비행기 안에서 그는 카메라를 마주하고 '특파된' 기자들과 몇 마디 하기로 동의했다. 한 남자가 '탱탱' 만화에서 튀어나온 소련 물건 같은 커다랗고 이상한 물건을 가지고 측면 좌석에 앉아 있었다.

"프랑스의 공공 서비스를 연상시키는 기이한 마이크로군요!"

니콜라가 말했다.

(나중에 프랑스2의 르포르타주 프로그램에 방영된 이 인터뷰는 이상하게도 소리가 제대로 나오지 않았다.)

그는 포럼에서 마지막으로 니콜라 월로의 '영속적인 발전'에 대해 이야기했다. 목표에 완전히 도달하지는 못했지만 자기 것으로 소화하려고 애쓴 성실한 연설이었다("환경보호 할당분에 대해 시간을 너무 적게 할애했습니다." 아베롱에서 샤를 제귀가 지적했다. 할당분이라는 단어는 지구상에서 가장 터무니없는 단어다. 환경보호 할당분, 이 말은 정말이지 불쾌하다). 사람들의 아첨 섞인 칭찬 속에서 그의 진짜 모습은 보이지 않았다. 그의 경쟁자들은 그보다 먼저 십오 분씩 아첨 섞인 연설을 했다. 그러나 아무것도 제대로 기능하지 않았다. 브랑리 기슭의 엘리베이터조차 우리를 태우기를 거부했다. 우리는 걸어서 간신히 밖으로 나왔다.

'권위 있는' 십오 분이 지나자, 주재자가 그에게 와서 발언 시간이 끝났다고 말했다. 그가 하던 말을 끝마치려고 하는데, 그 무엇으로도 단념시킬 수 없는 기계적인 그 목소리가 다시 들려왔다. "발언 시간이 끝났습니다, 발언 시간이 끝났습니다." 연설 내용에 몰두하던 사람들에게 혐오감을 불러일으키는, 당연한 권리의 한귀퉁이에 충격을 가하는 명령이었다. 그는 멈칫거리지 않고 재빨리 결론을 맺었다.

랭지스의 마레 산장, 새벽 다섯 시. 모두 하얀 재킷을 입고 모였다. 니콜라 역시 모자 달린 하얀 스키 재킷 차림이었다.

내가 그의 옷차림을 칭찬했다.

"당신 멋지게 보이는 데 성공했네요."

"우스꽝스럽게 보이지는 않습니까?"

트리페리 산장의 카페 안.

여자 종업원 한 명이 내게 다가와 말했다.

"이분이 당신 뺨에 키스를 해줬나요? 그렇다면 저도 해주세요! 실제로 보니 미남이시네요. 이분이 대통령이 될 것 같아요."

니콜라는 엘로디와 나를 잠깐 따로 불러 자기도 그럴 줄 안다는 것을 과시라도 하듯 우리를 각각 한쪽 팔로 감싸며 말했다.

"내가 여자들에게 큰 인기를 끌고 있어요!"

송아지 발이 가득 담긴 커다란 나무통 앞에서 엘로디가 나에게 말했다.

"터틀넥 스웨터를 즐겨 입으라고 저분에게 말해야겠어요."

사람들은 그를 보고 싶어하고, 만지고 싶어하고, 뺨에 키스하고 싶어한다. 그가 풀상추 상자, 여주 상자, 파인애플, 토마토들 사이로 모습을 감춘다. "당신 사람들 때문에 질식하겠어요! 오! 벌써 저만치 가버렸네!"

내가 니콜라에게 물었다.

"당신 지나치게 자신만만해하는 것 아니에요?"

"만약 내가 지나치게 자신만만하다면, 새벽 네 시에 일어나지 않을 겁니다. 내가 말할 수 있는 것은 2월 1일 내가 있고 싶어하는 곳에 있을 거라는 사실입니다. 하지만 잘 안 될 경우 절망하지 않을 준비가, 잘될 경우에는 흥분하지 않을 준비가 되어 있어요."

기자들은 그가 자기 자신을 포장하는 데 도움이 된다.

뤽 페리(Luc Ferry, 1951~, 프랑스의 철학자. 2002~2004년 교육부 장관을 지냈다―옮긴이) 그리고 알랭 맹크(Alain Minc, 1949~, 프랑스의 저술가·기업인. 《르 몽드》 감독위원회 회장. 대선 기간 동안 니콜라 사르코지에 대한 지지를 표명했고, 사르코지의 당선이 확정된 날 만찬 자리에 함께 할 만큼 사르코지와 친밀한 사이인 것으로 알려져 있다―옮긴이)와 함께 한 저녁 식사 자리.

불행하게도 니콜라는 유력하지 않은 것 같다고 내가 말했다. 그러자 뤽 페리가 반박했다.

"이봐요, 당신은 포괄적인 논리에 빠져 있어요. 당신 책의 목적성이 희석될 위험이 있다고요!"

알랭 맹크가 거들었다.

"당신은 부드럽게 갈 것이냐 야심을 갖고 갈 것이냐 사이에서 선택을 해야 합니다."

TF1에서 생방송을 하기 직전, 니콜라가 대기실 안으로 들어왔다. 그는 흥분해 있었다. 그가 스튜디오에 가보니 홍보 전문가들이 총출

동했기 때문이다.

"나는 내가 전혀 모르는 얼간이들이 나를 따라다니는 것을 원치 않습니다. 나는 방송 전에 혼자 조용히 시간을 보내고 싶습니다! 우스꽝스러운 저 홍보업자 한 무리는 대체 뭡니까!"

그는 무척 신경질이 난 듯했지만 애써 자제했다. 앞으로 두 시간 동안 생방송을 해야 했기 때문이다. 그것은 어찌 보면 그리 중요하지 않은 일일지도 모르지만 진실도 아니었다.

진실, 나는 아직 그것을 보지 못했다. 그가 오른쪽으로 왼쪽으로 뿌려대는 분노 말이다. 사람들은 나에게 이야기했다. 가까운 사람들에게 퍼부어지는 특권인 그 분노가 나에게는 금지되어 있다고.

사람들은 순서에 대해 이야기한다. 이번엔 내 순서라고, 또는 내 순서가 아니라고 말한다. 자크는 나에게 이렇게 말했다.

"순서가 중요합니다. 대통령으로 선출되는 사람은 프랑스 국민들이 이번이 '그의 순서'라고 생각하는 사람이지요."

순서. 자리와 합법적인 기다림을 전제로 하는 일상적인 단어. 시간과 관련되는 모든 것. 시계 혹은 나이와 관련되는 단어. 하지만 권력을 손에 넣기 위해 붉게 달아오른 쇠를 두드리는 곳에서 순서는 보이지 않는 '숙명'이다.

정치인들이 작은 무리를 지어 차례로 생 테티엔 뒤 몽 교회를 나오고 있다.

니콜라의 비서실장 로랑 솔리의 아내 샤를로트가 서른다섯의 나이로 세상을 떠났다. 관 위에 그녀의 사진이 놓여 있다. 더 이상 이 세상에 존재하지 않는 눈부신 얼굴이다.

정치인들이 경직된 얼굴로 줄을 지어 내 앞을 지나간다. 나는 애도에 겨워 황폐해진 얼굴을 사람들에게 보이며 한쪽에 조용히 서 있다. 그 순간 누군가 내게 아는 척하며 친근한 인사를 건넸다면 나는 그것을 부끄러운 신성모독 행위, 품위와 인간미가 결여된 행위로 여겼을 것이다.

니콜라가 방금 매장된 로랑 솔리 아내의 관 위에 장미꽃 한 송이를 던졌다. 그런 다음 즉시 모습을 감추었다. 그는 사람들을 피해 자동차 뒷좌석에 혼자 앉아 있었고, 피에르와 엘로디가 그 주변을 서성이고 있었다. 두 사람은 어쩔 줄 몰라하고 있었다. 결국 피에르가 다가가 선팅된 차창을 가볍게 톡톡 두드리며 사람들이 그를 놓아두고 모두 가버렸다는 의미의 몸짓을 했다. 하지만 니콜라는 거기에 계속 앉아 있었다.

가까운 사람들의 사적인 삶 속에 급작스럽게 침입해 들어오는 비극. 그 비극은 로랑 솔리에게 무엇으로도 억제할 수 없는 슬픔과 큰 충격을 주었을 것이다. 아내만 알고 있던 로랑 솔리의 매력은 이제 과거 속에만 존재하는 것이 되어버렸다.

　로랑이 내게 전화를 걸어와 말했다.
　"나는 지나치게 활동적인 사람이에요. 중요한 사건이 일어날 때만 활동을 멈추죠. 지금 나는 내가 어떤 비탈길로 가고 싶은지 알아야 할 것 같습니다. 그건 행복이 금지되는 비탈길일까요?"
　나는 상을 당한 그가 한 이 말에 깊은 인상을 받았다. 평상시였다면 그런 말이 크게 와 닿지 않았을 것이다. 나는 깨달았다. 이 사람들은 행복을 원치 않는다는 것을, 그들은 전투에서 기회를 잡기를 원한다는 것을.

　나는 니콜라의 부비서실장인 사뮈엘 프랭강에게 물었다. 왜 생 시르 육군사관학교에서 공부하고 군대에서 경력을 쌓기를 원했냐고, 당신은 미래를 어떻게 보고 있냐고.
　그가 대답했다.
　"글쎄요, 잘 모르겠습니다. 민간회사에서 일할 수도 있을 것이고 도道 단위 기관에서 일할 수도 있겠죠. 혹은 정치를 할 수도 있어요."
　"그게 구체적으로 무슨 뜻이죠?"
　"음, 좋은 질문이네요……"

　시오랑(Emile M. Cioran, 1911~1995, 루마니아 출신의 프랑스 수필가. '절망의

심미가'라고 불린다. 『절망의 정점에 대하여』『고뇌의 3단논법』『역사와 유토피아』 등의 저서를 남겼다—옮긴이)은 자기 비망록에 이렇게 적었다. "내가 오랜 시간 동안 작업할 때 그리고 그 작업에 몰두할 때, 나는 '삶'에 대해서도 어떤 것의 '의미'에 대해서도 생각하지 않는다."

크뢰조의 알스톰 공장 방문. 우리는 강렬한 초록색과 노란색으로 칠해진 함석 창고들과 보기 차(앞뒤 두 대의 차대 위에 차체를 올려놓아 자유롭게 회전하는 기차나 전차—옮긴이)들이 제조되고 있는 커다란 작업장을 둘러보았다. 장엄한 광경들, 난해한 단어들, 보링 기계, 이동식 프레이즈 반, 무게를 다는 작업대……

니콜라가 물었다.

"이 젊은이가 작업하고 있던 차체는 싱가포르의 TGV에 쓰일 차체입니까? 그렇군요, 기쁜 일이네요, 그렇지 않습니까?"

그가 작은 화물 상자 위로 올라갔다. 하지만 그 상자는 높이가 너무 낮아서 사람들이 그의 모습을 전혀 볼 수 없었다. 다행스럽게도 그에게는 마이크가 있었다.

같은 주, 선거운동 회의 때 앙리 드 카스트리(Henri de Castries, 1954~, 악사 경영권 회의 회장—옮긴이)와 니콜라 바베레스(Nicolas Baverez, 1961~, 프랑스의 변호사·경제평론가—옮긴이)가 프랑스 국민들에게 군복무 문제에 대해 말하라고 압박을 가했다.

그는 무기력하게 대답했다.

"네, 네, 물론이죠…… 하지만 나는 공산당 후보가 아닙니다. 여러분은 나에게 무슨 말을 하고 싶은 겁니까?……"

내가 니콜라에게 말했다.
"당신 이제 조레스(Jean Jaurès, 1859~1914, 프랑스 사회주의 운동가 겸 정치가. 게드와 바이양의 사회주의 정당에 대항하여 프랑스 사회당을 결성, 의회의 부의장을 맡아 진보파의 유력한 지도자로 활약했다―옮긴이)를 제대로 이해했겠네요."
"그래요."

그가 기자들과 카메라들 그리고 대중에게 야단스럽게 둘러싸여 몽스니 거리의 정육점, 식료품점, 빵집, 스포츠 카페, 골동품 상점을 방문하고 있다. 그는 그 창가를 보지 못했다. 그 멋진 창가에는 여자 다섯 명이 황홀한 웃음을 지은 채 저마다 그를 보려고 애쓰고 있었다. 그녀들 가운데 나이 많은 여자가 한 명 있었다. 그녀는 모르긴 해도 무릎을 꿇고 있는지 머리밖에 보이지 않았다. 그녀들은 이 예기치 않은 사건에 행복해했다. 빽빽하게 붙어 서 있는 것에, 가느다란 난간에 매달려 있는 것에 행복해했다. 그날 하루에 행복해하고, 거리를 지배하고 있는 광기에 행복해했다.

길을 좀더 내려가니 양로원이 나왔다. 양로원 1층에 작은 클럽이 하나 있었다.

니콜라가 말했다.

"……백발의 노인들은 한 마을에서 유익한 존재들이지요."

클럽 안에서는 할머니들이(할아버지들은 거의 없었다) 그를 맞아들이기 위해 스크래블(패를 가지고 하는 글자 맞추기 놀이―옮긴이) 탁자와 카드놀이 탁자 사이에 서 있었다. 모두 짧은 파마머리를 하고 있었다. 머리 색깔은 금발, 밤색, 보라색, 적갈색 등 다양했다. 백발의 할머니는 한 명도 없었다.

벽에는 평화로운 전원 풍경이 수놓인 벽걸이 천이 걸려 있었다.

나는 반反 프랑코 장군 파의 한 대령에 대한 사랑에 젊은 시절의 몇 해를 온통 바친 안드레아 페랄타에 대해 생각했다. 그녀는 단조로운 게임 탁자 사이에서 여생을 마쳤다.

내 딸 알타는 산에서 찍은 그녀의 사진 한 장을 액자에 끼워두었다. 사진 속의 그녀는 여든다섯 살쯤 되었고 내가 방금 묘사한 할머니들과 똑같은 헤어스타일을 하고 있다. 키가 몹시 작고 등이 조금 굽은 그녀는 세상에 단 하나밖에 없는 옷차림으로 긴 나들이를 떠날 준비가 되어 있다. 그녀는 꼭 끼는 베이지색 바지를 입고 있고, 터키석 빛깔의 폴라 스웨터 네크라인에는 톱니 모양의 하얀 블라우스 칼라가 비죽 튀어나와 있다. 그 위에는 허리 부분이 잘록하고 소매가 어린아이처럼 축 늘어진 진한 색깔의 카디건을 걸치고 있다. 그녀는 한 쪽 팔을 나무 울타리에 올려놓은 채 포즈를 취하고 있으며, 다른

쪽 어깨에는 배낭이 걸려 있다.

사진 속의 그녀를 다시 보니, 그녀가 어떻게 길을 떠날 것인지 정확히 알 수 있었다. 두 손은 자유롭게, 무분별한 속도로, 땅, 나무뿌리, 딸기들과 싸우고 싶어하면서. 자신에게 남은 나날들과 싸우고 싶어하면서.

의견들, 조언들, 본능의 자극들.

니콜라는 장작불이 끊임없이 따닥따닥 소리를 내는 것을 바라보며 이 사람 저 사람의 말을 경청한다. 여느 때처럼 다리를 흔들면서. 그는 필터를 통해 중요한 몇몇 요소만 걸러내며 그들의 말을 경청한다. 그는 그들과 함께 있는 동시에 자기 혼자 있다. 그는 자신의 감수성을 날카롭게 벼리는 조언들만 받아들인다.

그가 이렇게 말한 적이 있다.

"나는 안락사에 대해 좀더 개방적이 되어야 한다고 생각합니다."

내가 그에게 질문했다.

"지금은 어떤가요? 여전히 그렇게 생각하나요!?"

"고통에도 한계는 존재한다고 말해야 하는 순간이 온다 할지라도요. 침대 옆에서 바라보는 사람의 삶이 중요한 것이 아닙니다. 고통받고 있는 사람의 삶이 중요하지요."

그는 언제부터 이런 생각을 가졌을까? 그가 참여하고 있는 경쟁에서는 창의성이 필요하고, 때로는 가장 심오한 사상이 상업적인 논쟁과 혼동된다.

"'회개' 해야 돼요! 나는 잭 랑(Jack Lang 혹은 Jacques Lang, 1939~, 프랑스의 정치인. 미테랑 정부 시절 문화부 장관으로 재직할 때 엘리트적 문화정책에서 벗어나 대중을 위한 참신한 문화정책을 많이 실시했다. 2007년 프랑스 대선의 사회당 후보로 유력하게 거론되기도 했다. '문화적 예외'라는 개념을 최초로 주창한 인물로도 유명하다—옮긴이)에게 대가를 지불할 필요가 있어요. 그는 기가 막혀요."

내 수첩에는 유혹적이고 우스꽝스러운 문장들이, 하지만 페이지를 넘기자마자 생기를 잃는 문장들이 가득 적혀 있다.

아들론 호텔 객실의 원형 테이블 앞.
알랭 쥐페와 니콜라 사르코지가 단순화 조약으로 유럽의 상황을 타개해야 할 필요에 따라 앙겔라 메르켈을 설득하기 전 독일 내무부 장관 볼프강 쇼이블레(Wolfgang Shäuble, 1942~, 독일의 정치인. 헬무트 콜 정부에서 내무부 장관으로 재직하던 1990년 한 정신병자의 저격을 받고 척추 장애인이 되었으나 초인적인 의지로 업무에 복귀한 것으로도 유명하다—옮긴이)를 만나 일이 잘되도록 분위기를 조성하고 있다.

"……나는 프랑스가 정치적 위험을 무릅쓰기를 원합니다. 하지만 독일을 문전박대하기 위해서는 아닙니다."

"당신은 그 모든 것을 앙겔라에게 말할 생각입니까?"

"물론 그렇습니다…… 당신이 미리 말하지 않는다면요. 물론 그건 불가능하겠지만 말입니다. 이번에 알랭과 나는 동물원을 방문하고 아펠슈트루델(독일식 사과파이—옮긴이)을 먹을 겁니다…… 하지만 볼프강, 우정이란 작은 한 걸음을 앞으로 내딛는 것이기도 합니다……"

터무니없게도 그들은 쇼아 기념관에 들렀다. 그들은 카메라, 마이크, 기념물들을 기어오르는 야만스러운 무리에 깜짝 놀라 낯선 복도 안으로 한 발짝도 들여놓지 못한 채, 자기들이 어디에 있는지조차 알지 못한 채 묘지 가장자리에 머물러 있었다.

알랭 쥐페에게는 질문 하나, 마이크 한 번 주어지지 않았다. 그들은 방금 나온 대사관 사무국의 바람 부는 앞마당에 나란히 서 있다. 앙겔라 메르켈(그녀는 검은 단화에 검은 바지 정장을 입었고 내가 기대하지 않았던 건들거리는 걸음걸이를 보여주었다)은 대사관 안에 조용히 남아 있다. 총리였고 대통령의 황태자였던 알랭 쥐페는 말없이 가만히 서 있다. 밤색 파카가 잘 어울리는 그는 모두로부터 무시당한 채 한창 잘나가는 젊은 니콜라의 재치 있는 답변들을 듣고 있다.

연극과 배우들의 삶에 대한 대화.

쥐페 : 작은 배역을 맡아도 행복할 수 있지요.

사르코지 : 적어요, 적어, 야스미나. "2007년 2월 12일, 베를린에서 돌아와 알랭 쥐페가 말했다. '작은 배역을 맡아도 행복할 수 있지요!'"

쥐페 : 나는 '내'가 그렇다고는 말하지 않았소.

사르코지 : 일반적으로 그렇다고 말했다면 훨씬 더 심각하지요. 그건 은근슬쩍 시치미를 떼려는 시도니까요.

쥐페가 미소를 짓는다.

사르코지 (나를 돌아다보며): 나는 서른두 살 때부터 알랭을 알고 지냈어요……

쥐페 : 서른한 살이지.

사르코지 : 이 양반은 항상 옳고 싶어해요. 나는 그런 것은 상관없는데 말이죠.

쥐페 : 내가 옳지.

사르코지 : 맞습니다.

시몬 베유(Simone Weil, 1909~1943, 프랑스의 사상가. 노동운동에 깊은 관심을 갖고 노동자의 생활을 체험했으며 스페인 전쟁에 참가했다. 유대인으로서 2차 대전 중 미국에 망명했다가 레지스탕스 운동에 참가하려고 귀국하던 중 런던에서 객사했다.『억압과 자유』『뿌리를 갖는 일』『중력과 은총』등의 저서를 남겼다―옮긴이)는『중력과 은총』에 이렇게 썼다. "집착은 현실 속에서 결핍과 다르지 않다."

권력욕 혹은 명예욕에 대해서도 똑같이 말할 수 있을까? 나는 그런 욕망을 늘 결핍의 암묵적인 형태로 경험했다.

나는 G.에게 그의 미래에 대해 질문했다. G.는 대답하면서 이런 말을 흘린다. "……그게 아니라면 나는 다른 것을 할 겁니다." 너무나 자주 들은 이 '다른 것,' 결코 지나쳐버릴 수 없는 그 시작. 정치적 운명이라는 기이한 감옥을 은폐하기 위해 힘을 빼고 하는 말들.

내가 산에 가 있는 동안 니콜라는 라 레위니옹 섬에 간다.

"내 삶의 역사는 아주 낮은 곳에서 출발하여 아주 높은 곳으로 갑니다. 나에게는 오로지 행진만이 있을 뿐이에요……"

아주 높은 곳? 인간의 삶 속에 '높은 곳'이라고 불리는 공간이 존재한단 말인가? 만약 그렇다면 우리는 어떤 환멸을 느낄까?

실스 마리아.

사람들이 자연 속을 걷고 있다. 눈발이 조금씩 흩날린다. 어느 울타리 안에 당나귀 한 마리가 있다. 떠난다는 것은 무한한 슬픔이다. 소나무, 낙엽송, 얼어붙은 긴 호수들을 버려두고 떠난다는 것. 나는 나탕과 함께 숲속으로 몇 미터 들어갔다. 모자는 쓰지 않았다. 그의 검은 머리카락에 눈이 쌓였다. 내려가는 길에는 앙가딘의 집들, 바위들이 보였다. 멀리에서 맛본 멋진 산보였다.

시간으로부터 훔친 즐거움이었다. 모든 즐거움이 그렇듯이.

부도덕한 흐름을 되돌려야 한다. 하지만 그것 또한 삶에 필수적이다.

마드리드에서 내무부 장관 회담이 열렸다. '우정'을 상기시키는 것은 아무 짝에도 쓸모가 없다. 진한 색의 떡갈나무 테이블을 앞에 두고 마주한 두 장관 주변에는 프랑스 대사 미셸 고댕, 보안 담당관 그리고 스페인측 인사 몇 명이 있다. 하얀 종이를 앞에 두고 모두 말이 없다. 두 장관은 축하의 말을 나누고, ETA(자유 조국 바스크. 스페인의 바스크 분리 단체. 과격 단체로 유괴, 테러 행위 등을 자행한다―옮긴이)와 이슬람 테러리즘을 상기한다. 서로 찬사와 아첨하는 말을 하고, 유행하는 우스갯소리를 관습적으로 주고받는다. 하지만 이 모든 것이 무슨 소용이 있는가? 내가 아무것도 이해 못 하는 것인가? 순전히 형식일 뿐인 이 순간의 중요성을 누가 모를까? 이들이 하고 있는 것은 눈에 보이지 않지만 긴급한 외교적 제스처일까, 아니면 모든 것에 필수적인 의미 없는 제스처일까?

니콜라가 비행기 뒷좌석으로 우리를 보러 왔다. 창백하고 피곤해 보이는 얼굴이었다. 니콜라의 마드리드 방문은 《카나르 앙셰네》(프랑스의 주간지. 뉴스거리에 대해 냉소적인 비평을 퍼붓는 잡지이다―옮긴이)의 조소적이고 불명예스러운 기사 때문에 부분적으로 망쳐버렸다(거듭 말하지만 그는 정직성 문제 때문에 선거 결과에 해를 줄 수도 있는 타격을 받았다). 우리는 우리의 요람인 지중해에 대해 이야기했다. 그와 귀에노가 최근에 좋아하는 주제였다. 나는 말했다.
"당신은 오슬로보다는 세비야에서 더 기분이 좋지요."
니콜라가 내 말을 고쳤다.
"아뇨, 오슬로가 아니라 베를린입니다! 베를린이에요! 나는 베를린에서 공포를 느낍니다. 프랑크푸르트에서도요!"

그가 스페인 총리 사파테로와 스페인 내무부 장관 알프레도 루발카바를 칭찬했다. 그는 또한 영국의 블레어 총리와 이탈리아의 프로디 총리에 대해 열정적인 표현을 써가며 이야기했다.

그가 외쳤다.

"이봐요, 야스미나. 당신이 이 좌파 인사들과 친구가 되면 재미있을 겁니다. 왜냐하면 그들은 좌파가 아니거든요! 진정으로 좌파를 실천하는 사람들은 프랑스에만 존재하지요!"

국제적인 쟁점들에 대한 회의를 마친 후 메리디엔 호텔의 숙소로 돌아오자, 정치인들이 그의 주변에 빽빽이 몰려들었다.

라시다 다티가 내 귀에 대고 속삭였다.

"저 사람들 좀 보세요. 저 사람들이 니콜라에게 찰싹 달라붙어 있는 것 좀 봐요. 그의 옆에 앉기 위해 혹은 〈라 마르세예즈〉가 나오는 동안 사진 속에 함께 찍히기 위해서라면 자기 어머니라도 죽일 태세네요. 나는 연단에 다시 올라가지 않을 거예요. 린치라도 당할까 무섭네요."

나는 존 투르투로가 훌륭하게 연출한 내 희곡 작품 〈스페인 희곡〉을 뉴욕에서 다시 보았다. 그 작품의 텍스트에는 예전에 글의 형태로 내 흥미를 끌어당겼던 모든 것이 응축되어 있다는 기이한 느낌이 들었다. 그 작품의 등장인물들은 실제 나이가 어떻든 간에 단 한 명도 젊지 않다. 그들은 '젊은 채로' 남아 있기 위해 몸부림친다. 젊은 채로 남아 있어야 한다는 것은 내가 이름과 목소리를 부여한 모든 사람들의 강박관념이다. 약간의 노쇠에도 삶에서 분리된다고 느끼는 이러한 비통한 괴벽은 대체 어디서 오는가?

사 년 전에 쓴 위의 희곡 속에서 나는 다음과 같은 문장을 다시 발견한다. "등장인물들은 우리보다 더 나은 우리 자신이다."

내가 언론 보도에서 발견한 바에 따르면, 그는 뉴욕에서 돌아오면서 이렇게 말한 듯하다.
"대통령 선거운동은 힘든 일입니다…… 자신의 마음속 깊은 곳에서 차분함, 침착함, 고요함을 찾아내야 하기 때문이지요. 이러한 덕목들은 과도한 흥분에 대처하도록 도와줍니다. 그것은 또한 자신을 망각하는 것이기도 하지요."
그는 어떻게 말해야 좋을지 잘 몰랐다. 추측건대 그는 대통령 선거운동을 할 때 필요한 희생들과 성질을 제어해야 할 필요성에 대해 말하고 싶어한 것 같다.
그러나 그런 경우 우리가 경험하는 것은 자신에 대한 망각이 아니다. 오히려 자신에 대한 집착과 타인에 대한 불가피한 망각을 경험하게 된다.

크레테유의 앙리 몽도르 병원 신경외과 병동 안. 그가 자비에 베르트랑(Xavier Bertrand, 1965~, 프랑스의 정치인. 니콜라 사르코지가 대통령에 당선된 뒤 프랑수아 피용 내각에서 노동·연대부 장관에 임명되었다—옮긴이) 옆에 앉아 있고, 그들 앞에는 사십 명 가량의 병원 직원들이 앉아 있다. 이 방문을 주선하는 일에 다소 일조한 듯한 한 간호사가 말문을 열었다. 그녀는 떨리고 잘 들리지 않는 목소리로 모진 삶을 견디고 있는 (그 아이들이 대체 무슨 일을 겪고 있는 걸까?), 자신이 '애지중지하는' 어린 두 딸에 대해 이야기했다. 그녀는 ~한 조건들, ~의 어려움에 대해 이야기하다가 특별한 이유도 없이 울기 시작했다.

니콜라가 난처해하며 말했다.

"나는 여자들을 울리는 사람이 아닌데요."

이 보잘것없는 유머 뒤에는 그러나 진실이 있었다. 이 야단스러운 눈물에 일조한 사람은 바로 그였다. 그의 유명세와 권력이 이러한 성가신 카타르시스를 불러일으킨 것이다.

그가 한 또 다른 발언.

"……인간성 상실입니다. 우리는 수익성에 대해, 바닥을 치는 현재의 세율에 대해 이야기하지요. 하지만 인간관계에 대해서는 전혀 이야기하지 않아요."

그가 상의를 벗었다. 그리고 메모를 했다. '하층계급을 보살피는 능력을 영속화하고, 현 상태의 세율에 대해 효율적으로 살핀다……' 그는 열심히 공부하는 소년처럼 메모를 했다. 듣지 않는 만큼 더욱 많이 메모했다. 많은 질문이 뒤따랐지만 그는 어떤 질문에도 분명하게 대답하지 않았다. 그는 흥분하여 쉬지 않고 팔을 움직인다. 그는 그때그때의 확신에 기반을 둔, 전문적이지 못한 연설을 한다. 그는 자신이 사람들을 실망시키고 있다는 것을 알아차리지 못한다.

고통에 대해 이야기하면서 사르코지는 이렇게 말했다. "내 엄마가 출산을 할 때……" 그는 또 이렇게 말했다. "내 엄마가 아파트를 구입할 때……" '내 엄마?' 이 이상한 표현은 대체 어떤 의도에서 튀어나왔는가? 자신의 인간적인 면을 보여주려는 의도인가? 아니면 여자가 우는 것을 본 이후 분위기를 부드럽게 하려는 엉뚱한 의도에서 나온 말인가?

그가 길을 잃었다는 느낌이 든다.

"피에르, 뭐 새로운 소식이라도 있나? 잘 되어가나, 로랑? 특별한 일 없나, 프랑크?……"

어디서 튀어나왔는지 모를 질문들, 가벼운 부탁들. 하지만 그것들은 나에게는 실존적인 청원처럼 느껴진다. 부디 은총이 내리기를. 은총이 아니라면 '다른' 어떤 것이라도……

사회학자 장 보드리야르가 죽었을 때, 나는 신문에서 다음과 같은 머리기사를 읽었다. "삶에서 아무것도 그르치지 않으려는 그의 욕망." 니콜라는 이 구절과 정확히 반대되는 것으로 이끌리는 경향을 갖고 있다…….

농업부의 접견실. 그곳에서 니콜라를 본다는 것은 절대적으로 불가능하다. 그곳에서, 그들의 대화 문맥에서 튀어나온 가축들은 아무런 존재감이 없다. 나는 게시물을 읽었던 것 외에는 아무것도 기억하지 못한다. '평원의 붉은 수다쟁이들(유럽산 들소의 일종을 일컫는 별칭. 헥 캐틀(Heck cattle) 혹은 오로크(Auroch)라고도 불린다. 1920년대와 1930년대 독일에서는 이 품종의 소들에 대한 유전자 개선을 통한 종족 선별이 사회적 이슈가 되었다―옮긴이)'에게 혁명은 오스트리아에서 온 티잔과 시몬 옆에 있다……

이곳저곳 끊임없이 순회하는 요새에 대해, 그의 아주 작은 발걸음에도 적극적으로 공명하는 검은 장대로 받친 춤추는 지붕에 대해 뭐라고 써야 하는가? 이 글을 시작한 뒤 지금까지 나는 한 번도 뭔가에 도달한 적이 없는 느낌이다.

"여성 여러분, 막대를 높이 드십시오!"
니콜라가 조찬을 함께 하러 온 《팜 악튀엘》의 여성 독자들에게 말했다. 이 최초의 발언에 활력을 부여받은 그는 이미 그곳에 있지 않았다. 그는 휴대폰에 한 손을 올려놓은 채, 점점 늘어나는 사람들의 줄을 재빨리 훑어보면서, 하찮기 짝이 없는 첫 질문을 하찮은 만큼 더욱 큰 관심을 갖고 주의 깊게 경청했다. 침착한 어조는 삼 분 정도밖에 지속되지 않았다. 그는 이내 흥분했고, 격려의 구호를 내뱉었고, 테이블을 두드렸고, 주당 노동시간 35시간이라는 '재앙' 과도 같은 주제로 돌아갔다. 그는 손가락으로 위협하는 제스처를 했고, 모든 말을 두 번씩 반복했다.

'재외 프랑스인 협회 회장들' 앞. 나는 그가 어제, 그제 그리고 한 시간 전 여성 독자들 앞에서 한 것과 똑같은 말을 하는 것을 듣고 있다. 그는 똑같은 말을 미묘하게 바꿔가며 말했다. 언제나 그렇긴 하지만 더욱 확신에 찬 태도다. 내가 보기에 그는 자기 자신에게 말하고 있는 듯하다. 장소, 사람, 환경 같은 것은 그에게 중요하지 않은 것 같다. 그는 자신의 재능을, 자신의 골조를, 자신의 이면을, 이음새 부분을 스스로 조직한다. 그는 위대한 희극의 갑옷을 가졌다.

얼마 전에 모이라가 나에게 이런 말을 했다.

"알렉산드로스 대제와 칭기즈칸은 진짜 삶을 살았어요. 그들은 탐욕스럽게 영토를 넓혔고 군대를 이끌었지요. 그들은 많은 피를 흘리게 했어요. 그들은 진짜로 후퇴했고 진짜로 승리했어요. 죽을 때도 진짜로 죽었죠. 우리는 패배를 경험하면 상처를 입죠. 하지만 오늘날의 정치인들은 대관절 무엇을 경험할까요?"

3월 12일 월요일. 침울한 하루.

니콜라는 경비행기 안에 앉아 있다. 그는 자신이 출연한 라디오 방송 청취자 수와 텔레비전 방송의 시청자 수를 묻는다. 그는 침묵하며 창문 쪽으로 고개를 돌린다. 그래서 우리도 입을 다문다.

아침에 발표된 여론조사 결과 루아얄과 베루(Francois Bayrou, 1951~, 중도파 성향의 프랑스 정치인. UDF(프랑스민주동맹) 총재를 지냈다. 2007년 프랑스 대선에 입후보했으며 신당MoDem(Mouvement Democrate, 민주운동)을 창립했다—옮긴이)가 처음으로 그를 뒤이어 동점을 기록했다.

하지만 그의 기분이 좋지 않은 것은 이 여론조사 결과와는 아무런 관련이 없을 것이다.

시간이 조금 흐른 뒤 그가 말했다.

"프랑크? 사탕 좀 있나?"

누군가가 그에게 사탕 상자를 내밀었고, 그는 그 상자를 열었다. 그는 비닐로 코팅된 사탕 포장을 푸느라 애를 먹었다. 로랑이 그를 구원해주었다.

그는 사탕을 입에 넣은 뒤 사탕 상자를 말없이 내게 내밀었다.

메올트의 에어버스사를 방문했다. 거대하고 텅 빈 부지에 세워진 회사 건물은 비현실적일 만큼 깔끔한 위생상태를 자랑했다. 그는 기자나 사진사들 없이 회사 담당자의 안내를 받아 비행기의 조종석과

몸체를 둘러보았다. 그는 이따금 무뚝뚝한 표정으로 멈춰 서서 한 노동자가 A320의 문에 볼트를 조이는 모습을 지켜보았다.

원형 테이블에 조합원들과 함께 앉았다.
"……만약 이 토론이 에어버스의 임금 노동자들이 현재의 일자리를 고수하기 위해 '합작회사'를 시도하기 위한 것이라면……"
그가 기분 좋게 농담을 했다.
"존 벤추라.(합작회사(jointventure)와 존 벤추라(John Ventura)의 발음이 비슷한 것에서 착안한 말장난—옮긴이)"

돌아오는 비행기 안. 언제나 그렇듯 그는 다소 침울하다.
나는 감히 그에게 묻는다.
"아직 멀었다고 보시나요?"
"그런 생각 안 해봤습니다."
"그렇다면 그날 일만 생각하며 사시나요?"
"그래요, 나는 매일 그날 내가 해야 할 일에 대해 생각합니다. 그것만으로도 충분해요."
침묵. 그가 자신의 두 손을 내려다본다. 그리고 덧붙여 묻는다.
"우리는 왜 생각을 하죠?"
"그것이야말로 진정한 질문이네요. 많은 것들을 위해 생각만큼 큰 가치를 지닌 것이 어디 있겠어요."
"그래요, 많은 것들을 위해서지요."

베줄.

니콜라가 바이올린을 든 아주 어린 소녀가 있는 비좁은 방 안으로 들어갔다. 방 안에는 열다섯 개 가량의 카메라와 마이크가 대기하고 있다. 그가 소녀에게 "애야" 하고 말을 건넸다. 그는 더 이상 진지할 수 없다. '애야'라는 말 속에는 너에게 이 일을 강요한 사람은 내가 아니라는, 나 또한 본의 아니게 이 음악학교를 방문하게 되었다는, 나 역시 이런 행사가 지루하게 느껴진다는 뜻이 포함되어 있다.

복도 끝에 마지막 문이 열려 있다. 그는 모차르트, 프레슬리, 거슈인, 바르토크 등의 연주를 이미 견뎌냈다. 이번에 들어갈 홀은 다른 홀들보다 훨씬 크다.

열댓 명의 젊은 음악가들(타악기와 관악기)이 오케스트라 지휘자의 신호를 기다리고 있다. 지휘자는 블라우스를 입은 짧은 머리의 날씬한 여성이다. 그녀가 한쪽 팔을 들어올리자 예상치 못했던 활력이 그녀의 몸을 사로잡았다. 그녀의 몸짓에 따라 음악가들이 재즈 음악을 연주하기 시작했다. 그녀는 리듬에 취해 허리를 흔들고, 심벌즈 소리 너머로 노래를 흥얼거리고, 두 팔을 춤추듯 움직이면서 음악에 열정적으로 빠져들었다.

니콜라는 마지막 인내심을 발휘하며 한쪽에 가만히 서 있었다. 나는 그를 관찰했다. 그는 무감각 상태에서 빠져나와 있었다. 그는 지휘자에게서 눈을 떼지 않았다. 그는 몸을 가볍게 흔들었고, 감탄할 만한 연주에 몹시 감동받은 소년처럼 미소를 지었다. 그의 표정 중 내가 가장 좋아하는 표정이었다.

　선거운동 사령부, 그가 사람들 앞에서 말했다.
　"루아얄은 사회당의 제1서기가 되지 않은 데 대한 대가를 치르고 있습니다. 하지만 그녀는 여전히 굳건합니다. 그녀는 온 힘을 쏟고 있습니다. 베루는 '부드러운 르 팽(Jean-Marie Le Pen, 1928~, 프랑스의 정치인. 국민전선(FN) 당수를 지냈다. 2002년 프랑스 대선에서 자크 시라크에 이어 2위를 차지했으며 극우파에 호전적인 인물로 알려져 있다―옮긴이)'을 지향하는 선거운동을 하고 있습니다. 프랑스 국민들은 그 어느 때보다도 즐거움을 원하고 있습니다. 하지만 우리의 추락을 바라는 사람들도 있습니다."

　나중에 그는 이런 말도 했다.
　"성모 마리아에게 맞서 이기기 위해 코치를 받으라고 내게 말했던 사람들이 당신은 그녀의 미소를 보았다고, 그녀의 얼굴을 보았다고, 그녀가 장애인들에게 손을 얹는 것을 보았다고, 불쌍한 사람, 당신은 아무것도 이해하지 못했다고 말했습니다. 똑같은 사람들이 오늘 나에게 물었습니다. '당신은 견인차를 보았습니까? 교수자격 소지자와 견인차라, 당신은 아무것도 이해하지 못했어요, 친구.' 자, 똑같은 사람들이 한 말입니다."

시스트롱에서 그는 '공공 서비스 교대제'의 실체를 드러냈다. 벽에 붙은 파란 원에 빨간 동그라미가 붙어 있고, 그 위에 두 단어가 씌어 있다. 그는 흉측스럽고 초라한 그 광고판 아래에 터무니없다는 표정으로 서 있고, 그러는 동안 군중은 안전선 뒤에 구름같이 모여 〈라 마르세예즈〉를 불렀다.

우리가 가는 곳마다 안전선 뒤에 사람들이 구름처럼 모여든다. 우리는 그것이 당연하다고 생각하기에 이른다. 사람들의 얼굴은 흥분으로 가득하다. 그가 도착하자 사람들이 두 팔을 내밀어 사진을 찍어 댄다.
어느 날 그가 다음과 같이 말했다.
"나는 사람들에게 '안녕하십니까!' 하고 말합니다. 아닙니다, 아니에요!!…… 아이가 웁니다. 그러면 나는 그쪽을 돌아보지요…… '나는 당신들을 사랑합니다!' 아니에요!! 맞아요, 맞아. 나는 다시 '안녕하십니까!' 하고 사람들에게 말하지요. 나는 대통령이 될 겁니다…… 나는 디즈니의 미키마우스보다 사람들의 뺨에 더 많이 키스하고 사진도 많이 찍는답니다."

위펙스의 어느 축사. 울타리 맞은편으로부터 그가 다가오자 겁에 질린 어린 염소들이 도망을 친다.

헬리콥터가 이륙하기 전, 로랑이 내 수첩에서 뜯어낸 종이 한 장을 니콜라에게 내민다. 그 종이에는 로랑이 메모한 논쟁적인 정보들로 가득한 여론조사 결과가 적혀 있다.

1차 투표
니콜라 사르코지 31(+4)
세골렌 루아얄 24(-1.5)
프랑수아 베루 22(-1)
르 팽 12(=)

2차 투표
니콜라 사르코지 54(+2)
세골렌 루아얄 46(-2)

니콜라는 그 종잇장을 왼손에 쥐고 들여다보았다. 그는 아무 말도 하지 않았고, 그의 표정 또한 아무것도 드러내지 않았다. 그가 헬리콥터의 창을 통해 프로펠러의 그림자를 바라보다가 이마에 손을 얹고는 눈을 감는다. 셔츠 차림이고 다리를 꼬고 앉아 있다. 상의는 벗어서 무릎 위에 올려놓고 있다. 그는 만족스러운 숫자들이 적힌 그 종잇장 위에 다른 쪽 손을 올려놓은 채 잠을 청한다. 우리는 하늘 높이 올라간다. 아래에는 건조한 알프 뒤 쉬드의 고지대가 보이고, 좀

더 멀리에는 눈이 덮인 산봉우리들이 보인다. 나는 머릿속을 공백 상태로 만드는 니콜라의 능력이 부럽다.

로랑이 헬리콥터 안 깊숙한 곳에 있는 엘로디에게 신호를 보낸다. 그녀는 내 옆에 웅크리고 앉아 니콜라의 모습을 사진으로 찍고 있다.

니콜라가 잠에서 깨어나 렌즈를 눈에 대고 있는 그녀에게 매우 부드럽게 미소를 짓는다.

"자네 잠자고 있는 내 모습을 찍었군. 그건 아주 내밀한 모습인데."

잠시 후에 내가 말했다.

"엘로디는 사진을 찍었고 나는 뭘 좀 적었어요."

"나는 당신이 뭐라고 적었는지 알아요. 아마도 이렇게 적었겠지요. '사람들이 그에게 여론조사 결과를 건네주었다. 그는 행복할 것이다. 그는 여론조사 결과가 적힌 종이를 손에 쥔 채 잠이 들었다……'"

나는 그렇게 적었노라고 시인했다. 그가 피에르와 로랑을 가리켰다. 그들은 만족스러운 표정으로 웃고 있었다. 나도 그들과 같은 심정이었다. 승자 옆에 있을 때 승리는 더욱 아름다운 법이다.

내가 이런 우쭐하는 심정을 굳이 자백하는 것은 대관절 무엇 때문일까?

삼십 분 뒤, 그는 로랑과 엘로디 그리고 프랑크에게 둘러싸여 비행기 안에 있다. 나는 내 자리에서 그를 바라본다. 그들이 내가 모르는 어떤 재미있는 일 때문에 웃는 소리를 듣는다. 하지만 니콜라는 웃지 않는다. 그는 하품을 하면서 그들이 하는 말을 대충 듣는다. 혹은 듣지 않는다. 그는 테이블 아래에 두 다리를 쭉 뻗고 조용히 앉아 있다. 고양이들이 자기 주변에서 놀고 있는 것을 느끼고 안심한 남자처럼.

젊은이들 앞에서 연설을 시작하기 직전(전날 그는 연설 주제는 '사랑'이라고 내게 말했다) '르 제니트'의 숙소 안에서 분장을 하는 동안 그가 나를 불러 물었다. "릴케를 어떻게 발음합니까? 당신은 알고 있겠죠."

"방금 발음하신 것처럼 하면 돼요."

"어떤 사람들은 '릴쾨'라고 발음해야 한다고 주장하던데요."

"당신은 독일 사람이 아니잖아요."

"릴케? 아니면 릴쾨? 둘 중 하나를 선택해야 됩니다……"

내가 그와 그의 옆에 있는 앙리에게 물었다.

"설마 『젊은 시인에게 보내는 편지』를 인용하실 건 아니죠?"

"그럴 건데요……"

나는 깜짝 놀란 얼굴을 했다.

"왜요, 마음에 안 듭니까?"

"이 연설에 그리 잘 어울릴 것 같지 않아요. 사랑과 『젊은 시인에게 보내는 편지』라……"

"아, 당신 내게 굉장한 용기를 주는군요! 미리 쓴 연설문 내용을 무시하고 만 명이나 되는 사람들 앞에서 오 분 동안 내 마음대로 연설을 하라는 거잖아요!"

그는 '릴케'라고도 '릴쾨'라고도 말하지 않았다. '어느 독일 시인'이라고 말했다. 연설 내용에 대해 말하자면, 내 최악의 예감이 들어맞았다. 니콜라 사르코지와 앙리 귀에노는 겨우 삼십 페이지 분량의 연설문 속에 '사랑'이라는 단어를 쉰세 번이나 사용했다. '젊음, 그것은 시작에 대한, 잠든 세상 위로 떠오르는 태양에 대한 멋진 약속입니다'라는 요지의 연설문을 쓰는 데 '사랑'이라는 단어가 왜 그리 많이 필요했단 말인가? 그 어떤 피로감이 젊은이들로 하여금 '세상 속에서 전진하도록 만드는 대단한 사랑의 필요'로 그들을 이끌었단 말인가? 신중한 미사여구들은 생략하고 '젊다는 것은 행운입니다. 왜냐하면 젊음은 자유이기 때문입니다' 혹은 '사랑을 타인과 공유한다는 것은 불가능합니다. 사랑은 언제나 홀로일 수밖에 없습니다'라는 말과 함께 말이다. 대체 무슨 일이 일어났기에 행복하게 영감을 공유했던 두 남자가 신중함과 명철함을 무시해버리고 그런 달콤한 설교문을 작성했단 말인가?

그 연설문에서 좀더 발췌해보겠다.
"젊다는 것은 행운입니다. 왜냐하면 미래가 여러분의 것이기 때문입니다."
이 말은 사실인가? 동어반복의 바깥에는 미래에 대한 어떤 종교가 존재하는 것은 아닌가? 체호프의 작품 속 등장인물들은 자기들 뒤에 올 사람들을 부러워했다.

그가 옷을 벗었다. 상의를 벗고, 넥타이를 풀고, 셔츠도 벗었다. 서인도 제도를 향해 날아오르는 에어버스 안에서 웃통을 벗은 그는 랄프 로렌의 하얀 폴로셔츠로 갈아입었다. 그는 트렌치코트를 입을 때 하듯이 폴로셔츠의 깃을 세웠고 단추는 채우지 않고 열어두었다. 그는 테니스 복장 같은 그런 차림으로(그는 바지도 갈아입었다) 비행기 뒤쪽으로 가서 기자들과 함께 한 시간을 보냈다. 그들은 비행기 뒤쪽에 빽빽이 모여 쑥덕거리고 있었다. 그런 모습이 뉴욕에서 돌아오면서 비행기 화장실 근처에 모여 기도를 올리는 루바비치파(18세기 중엽 슬라브 민족에게 핍박받던 유대인 초보수주의자들이 러시아의 루바비치에서 메시아의 부활을 준비하자는 현실초월주의적 운동을 시작한 데서 생겨난 종파. 전세계 38개국에 30여만 명의 신도와 1,800여 개의 랍비학교를 보유한 초거대 종교조직으로 급성장했다―옮긴이) 사람들을 연상시켰다.

그가 미소를 띤 얼굴로 다시 자기 자리로 돌아왔다. 'POLO SPORT'라고 커다랗게 씌어져 있는, 조깅복 같기도 하고 잠옷 같기도 한 차림으로. 곧 즉석 회의가 열릴 거라고 사람들이 내게 알려주었다. 그가 복도 반대편 좌석에 앉은 나를 건너다보며 말했다

"이 비행기 안에서는 내 지지율이 백 퍼센트입니다!"

"브라보."

"당신, 당신의 문제가 뭔지 압니까?"

"내게 문제가 있나요?"

"당신이 생각하는 것보다 내가 당신을 훨씬 더 많이 관찰한다는 것입니다."

"그렇다고 해도 상관없어요. 당신이 그것을 글로 쓰지만 않는다면요."

"저 여자는 우리를 두려워하지 않아요."

니콜라가 미소를 띠며 지나가는 식당 여사장을 바라보며 말했다.

"우리를 두려워하지 않는다는 것은 자존심 상하는 일입니다. 사람들은 말하죠. 정치인들은 성性에 관한 한 짐승이라고."

내가 수첩에 뭔가 적는 것을 보고 옆에 있던 미셸 바르니에가 그에게 눈짓을 했다. 그러자 그가 말했다.

"그녀를 자유롭게 내버려둬요. 그러지 않으면 당신은 그녀와 함께 파국으로 치닫게 될 테니까. 나는 그런 느낌이 들어요."

공항에서 푸앵트 아 피트르(프랑스령인 서인도 제도 과들루프 섬의 작은 도시—옮긴이)로 가는 길은 교통이 꽤나 정체되었다. 정상적인 속도로 진행하는 최초의 출장이었다…… 하지만 나는 그 속도가 극도로 느리게 느껴졌다.

RFO(Réseau France Outre-mer, 프랑스의 텔레비전 및 라디오 프로그램을 해외에 방송하는 국영회사—옮긴이) 스튜디오의 문이 다시 닫혔다. 방송을 시작하기 전, 기이한 침묵이 흘렀다. 아무도 한 마디도 하지 않았다. 좁은 스튜디오에 모두 다섯 명이 모여 있었다. 니콜라, 프로그램 사회자, 카메라맨 두 명, 그리고 나였다. 엘로디가 사진을 찍기 위해 들어왔다. 침묵이 계속 흐르는 동안 사회자가 이상한 얼굴로 사전 연습을 했다. 그는 튀어나올 것처럼 눈을 크게 뜨고 질겁한 듯 동공을 고정한 채 턱을 사방으로 움직였다. 나는 그처럼 눈을 크게 뜨는 사람을 이제껏 한 번도 본 적이 없었다. 나는 엘로디를 돌아다보았다. 그녀도 그 사실에 주목했을까?……

엘로디가 신중한 어조로 내게 귀띔했다.

"저 사람은 맹인이에요."

"아, 그랬군요!"

내가 중얼거렸다.

대담이 시작되었고 엘로디는 다시 밖으로 나갔다. 사회를 맡은 그 기자는 능력이 매우 뛰어났다. 니콜라의 어조 변화, 망설임, 입을 여는 시점에 따라 적절히 압력을 가했고, 니콜라의 말이 끝나는 부분을 예측하여 대비했고, 탁월한 솜씨로 받아쳤고, 적확한 시점에서 중단했다. 그의 날카로운 직관과 섬세함은 평범한 기자의 그것을 넘어서고 있었다. 나는 이 과들루프 사람이 자신의 장애를 멋지게 극복했다는 사실에 감탄했고, 자신의 주장을 끝까지 밀고 나가지 못한 니콜라의 세심함을 높이 평가했다.

내가 스튜디오 밖으로 나가자 엘로디가 나에게 물었다.

"당신 내가 보낸 문자 메시지 봤어요?"

나는 휴대폰을 무음 상태로 해놓았기 때문에 문자 메시지가 온 것을 알지 못했다. 나는 얼른 휴대폰을 꺼내 들여다보았다. 엘로디가 보낸 문자 메시지는 다음과 같았다.

"저 사회자는 앞을 볼 수 있어요."

푸앵트 아 피트르에 어둠이 내리고, 숙소에서 회의가 열렸다.

숙소 안은 적도 지방의 열기로 꽉 차 있었다. 바닥에는 하얀 타일이 깔려 있고, 네온 등이 켜져 있었으며, 벽에 걸린 그림들은 표면이 벗겨져 있었다. 니스칠한 나무 받침대 위에 얇은 평면 TV가 놓여 있었는데, 그 TV에 연결된 갖가지 케이블이 받침대 아래에 엉켜 있었다.

TV는 볼륨이 최대치로 맞춰져 있었다. TV 화면에 상원의원인 뤼세트 미쇼 슈브리가 나와 쉰 목소리로 이야기했다. 그녀는 "함께 한다면 모든 것이 가능해집니다"라는 말로 운을 뗐다. 그녀는 네 번씩 어미에 변화를 주어가며, 상상을 초월할 정도로 격렬한 어조로 '가능'이라는 단어를 울부짖듯 발음했다.

니콜라는 연설문을 손에 들고 서 있었고, 우리(엘로디, 분장사 마리나 그리고 나)는 그의 바로 뒤에 앉아 있었다.

뤼세트 : 니콜라 사르코지는 선한 사람입니다!

니콜라 : 숙녀분들, 들었습니까?

뤼세트 : 나는 인간에 대해 말하고 있는 겁니다! 인간에 대해서요!!!

니콜라 : 저 여자 오늘 저녁엔 꽤나 온건하네요.

뤼세트 : 그는 동성애자간의 결혼에 반대했습니다!!

니콜라 : 아, 저 말이 나오리라고는 예상하지 못했는데! 저런 말을 하면 어떻게 되는 거죠??……

마르티니크 섬으로 출발하기 직전, 니콜라가 하얀 서츠 차림에 상의를 한쪽 어깨에 걸치고 선글라스를 낀 채 키 큰 종려나무들 한가운데에 혼자 서서 킥킥 웃으며 전화 통화를 하고 있다. 그는 짓궂은 장난꾸러기 소년처럼 보였다. 그는 목을 움츠리고 있었고, 이따금 오른쪽 다리를 뒤로 차 흙을 파헤쳤다. 그는 제 자리에서 맴돌며 웃기도 하고 조금 비틀거리기도 했다. 누구와 통화를 하는 걸까?

뫼블 라부르 목공소 앞마당. 커다란 목재들이 겹겹이 쌓여 있다. 목재들은 대부분 다갈색이고, 조금 보기 흉한 목재들도 있다.

니콜라가 목공에게 묻는다.

"이건 무슨 나무입니까?"

"마호가니입니다."

"멋지군요!"
그가 질문에 대답해준 목공의 등을 두드리며 치하한다.

쉴셔에서 트루아 질레까지 배를 타고 가는 동안 빠르게 어둠이 내렸다. 하늘은 용담속처럼 짙푸른 빛을 띠었고, 어느덧 달도 기울었다.

미셸 옹프레(Michel Onfray, 1959~, 프랑스의 무신론적 좌파 철학자. 여러 권의 철학 관련 저서를 출간했으며 퀼튀르 TV에서 그의 철학사 강의가 정기적으로 방송되고 있다―옮긴이)와의 대담(사르코지가 미셸 옹프레와 벌인 인간본성에 대한 이 대담은 잡지 《필로조피 마가진》에 실렸다. 소아성애 및 자살률 증가와 관련해 사르코지는 유전적 요소를 강조했고, 반대자들은 '위험한 사회관'이라며 문제 삼았다. 이로 인해 사르코지는 격렬한 논란에 휘말렸으나 프랑스2 TV에 출연해 "세 살짜리 남자아이를 범하고 싶은 욕망을 정상이라고 할 수 있느냐"며 자신의 신념을 고수했다―옮긴이).
미셸 옹프레가 아무런 거리낌 없이 말했다.
"나는 니체 철학 지지자가 되려 합니다······ 현재는 절대자유주의자입니다만."
소아성애 문제, 자살 문제에 대해 언급하면서 니콜라가 말했다.
"환경에 모든 책임이 있는 것은 아닙니다. 타고난 성향도 큰 몫을 차지합니다."

니콜라를 반대하는 사람들은 즉시 그의 '신新 보수주의' 성향을 비방했다. 한편, 유전학자 악셀 칸은 이렇게 말했다. "대통령직을 희망하는 사람이 앞으로 일어날 불행에 대한 책임을 미리 면하려고 하는 것은 걱정스러운 일입니다. 마치 불행한 운명의 기원이 예정되어 있기라도 한 것처럼 말입니다. 불행한 운명의 기원 같은 것은 존재하지 않습니다."

악셀 칸의 언급은 훌륭하며 다음과 같이 요약될 수 있다. 운명의 기원은 존재하지 않는다. 불행하든, 행복하든.

이렇게 인간 조건의 문제로 귀결시킨다 해도 그리 큰 횡포는 아닐 것이다.

니콜라가 리옹 역에 있는 트랭 블뢰 식당에 도착했다. 시각은 정오다. 그는 방금 본격적인 선거운동을 위해 내무부 장관직을 사임한 참이다. 그가 홀의 문 앞에서 나에게 말했다.

"내가 좀 울적하게 보이나요? 사람들은 내가 프랑스 국민들을 좀 더 많이 만나야 한다고 말합니다. 당신 저 홀 안에 나와 함께 있을 거죠? 하지만 그게 무슨 유익을 줍니까? 무엇을 충족시키죠? 곰곰이 생각해봐요, 야스미나. 나만 숙고를 해야 하는 건 아니잖습니까!"

아비뇽으로 가는 TGV가 정차해 있는 플랫폼을 지나갈 때 한 무리의 사람들이 "사르코 대통령!" 하고 외쳤다.

그는 네 명이 앉게 되어 있는 객차 안에 혼자 앉았다. 기차 밖에서 차창에 매달려 있는 열 명 남짓한 사람들에게 그가 짐짓 상냥한 얼굴을 해보인 뒤 낮고 무감동한 어조로 중얼거렸다.

"누가 나에게 광고지를 붙여 저 어처구니없고 시끄러운 사람들 속으로 데려왔지?…… 당신들은 아무것도 이해 못 해. 이런 상황에서 내가 침착할 수 있을까?…… 대체 누가 저런 광경을 만들어냈지?…… 이런, 세상에…… 한심한 일이야…… 혼자 조용히 있는 게 낫겠어."

그는 혼자 앉아 있다. 좌석에 달려 있는 선반과 앞쪽의 빈 좌석을 응시한 채. 그는 사람들을 피하려고 몸을 돌리지 않는다. 그는 아무것도 바라보지 않는다. 바깥에 펼쳐진 무익한 풍경도, 무익한 사람들도. 아무도 그에게 가까이 다가가지 않았다. 만약 그가 자신의 조언자 중 한 사람을 호출했다 해도, 그 사람은 필요한 이야기만 한 뒤 즉시 물러났을 것이다.

좌석들 사이의 틈으로 그의 등이 비스듬히 보였다. 그가 노트북을 켰다. 그는 시작 화면만 모니터에 띄워놓았을 뿐 아무것도 쓰지 않고, 아무것도 읽지 않았다. 누군가를 부르지도 않았다. 그의 아들 루이의 얼굴이 열 번 가량 모니터에 떴다가 사라졌을 뿐이다.

그가 보클뤼즈로 선거유세를 가게 되었다. 이 선거유세에 관해 그에게 전달된 메모는 다음과 같았다.

"당신은 선거유세를 하러 맨 처음에는 보클뤼즈에, 그 다음에는 부슈 뒤 론에 가실 겁니다. 이틀간으로 예정된 이번 유세의 목적은 장관의 이미지를 없애고 프랑스 국민들의 이야기를 세심하게 경청하는 온화한 대통령 후보의 이미지를 주는 것입니다."

대통령 후보로서의 평화로운 첫 여정이 시작되는 곳인 생 디디에 거리에서 한 남자가 물었다.

"그는 어디에 있지요?"

"저쪽에 있을 걸요. 그는 저쪽에 있을 거예요. 저쪽에 있어야 자유롭게 움직일 수 있으니까요."

다른 사람이 물었다.

"당신은 그가 보입니까?"

"그는 사람들에게 붙잡혀 있어요. 그래서 아주 작게 보이죠. 대체 뭘 알고 싶은데요?"

한 여인이 한탄했다.

"난 아무것도 안 보여요."

"안 보이는 게 당연하죠. 그는 건물 안에 있어요. '세딕시옹 쿠아퓌르' 미용실 안에 있다고요."

잠시 후, 그들은 마침내 시청 현관 앞 층계에 있는 그의 모습을 볼 수 있었다. 그는 거기서 짧은 연설을 했다.

"……그 시절에 사람들은 무위는 모든 악덕의 근원이라고 말했습니다……" (대체 어느 시절을 말하는 걸까?)

사람들이 그에게 박수를 보냈고, 17시 30분에 마을 광장에서 〈라 마르세예즈〉를 불렀다.

니콜라가 자동차 안으로 휩쓸려 들어갔다. 주민들, 상인들, 호기심 많은 구경꾼들은 그들을 불러모은 니콜라가 멀어져가는 모습을 물끄러미 지켜보았다.

아모 데 보. 시각은 밤이다.

니콜라는 방금 장 루이 보를루(Jean-Louis Borloo, 1951~, 프랑스의 정치인. 국무부 장관, 환경부 장관을 지냈으며, 2007년 6월부터 신임 총리 프랑수아 피용과 함께 일하고 있다—옮긴이)와 함께 저녁 식사를 한 참이다. 보를루가 니콜라의 진영에 가담할 것인지의 여부는 아직 불확실하다. 니콜라는 지금 장 미셸과 함께 숙소에 있다.

내 수첩 속에는 "그런데 타르튀프는?"(프랑스의 희극작가 몰리에르의 희곡 「타르튀프」에 나오는 대사. 하녀 도린이 주인 오르공에게 그의 마누라의 병 이야기를 하는 장면에서 오르공이 "그런데 타르튀프는?" 하고 물으며 자꾸 도린의 말을 잘라버린다—옮긴이)과 비슷한 대사가 자꾸만 적힌다.

장 미셸과 함께 논의를 하는 동안 니콜라가 "그런데 보를루는?" "그런데 보를루는?" 하고 자꾸만 물어 장 미셸을 괴롭히는 것이다. 장 미셸은 대답 대신 한숨을 쉬고 어깨 으쓱거릴 뿐이다. 그러자 니콜라는 그럴 법하지 않은 다짐을 했다. "참고 기다리겠네."

우리는 응접실로 나가 다른 사람들과 합류했다. 로랑, 프레데릭, 다비드, 프랑크, 엘로디 그리고 나. 장 루이 보를루도 있었다(마침내 실제인물을 보게 되었다).

장 루이 보를루는 하얀 셔츠에 V 네크라인의 분홍빛 캐시미어 스웨터를 입고 있었다. 니콜라는 파란 셔츠에 회색 캐시미어 조끼를 입고 있다.(자유로운 아일랜드풍 복장을 했음에도 이상할 만큼 자연스러움이 결핍되어 보이는 것을 무엇 탓으로 돌려야 할까?)

그들은 마주 놓인 긴 소파에 각자 자리를 잡고 앉아 있다. 니콜라는 혼자, 보를루는 장 미셸과 프레데릭 옆에.

니콜라가 말했다.

"내가 왜 일 년 내내 보아온 국회의원들과 함께 내일 마르세유로 점심을 먹으러 가야 하는 거지?…… 나에게는 다섯 개의 팀이 있고, 그 팀원들이 하는 활동이 치고받고 싸우는 것인데 말이야…… (장 루이 보를루를 바라보며) 나는 죽을 힘을 다해 선거운동을 하고 있고, 사람들은 그런 나를 말리느라 죽을 지경입니다."

침묵.

그는 저명한 손님이 와 있는 것을 활용하여, 그 팀들에 몸담고 있는 사람들의 면전에서 무뚝뚝하고 매정하게 말했다.

그는 모든 것을 짐스러워하는 동시에 모든 것에 무심했다. 나는 그의 침울한 얼굴에서 그 무심함을 읽었다.

보를루가 로제와인을 마시며 자신의 의견을 개진했다.

나는 고개를 끄덕이고 있는 그가 마음속에 무슨 생각을 갖고 있는지 알고 싶었다.

모두 입을 다물고 가만히 있었다. 니콜라는 소파에 깊숙이 파묻혀

새벽 저녁 혹은 밤

있다.

장 루이 보를루가 갑자기 서류철에서 서류 한 장을 꺼내더니 소파에서 일어나 니콜라에게 다가가 들이밀며 말했다.

"이것이 당신입니까?"

'이것' 이란 초록빛 언덕을 배경으로 한 니콜라의 선거운동용 사진이었다. 석 달 전부터 도처에서 볼 수 있는 사진이다.

"이것이 당신이에요?"

보를루가 손에 든 선거운동 관련 서류를 다른 손으로 두드리며 되풀이해 물었다.

"당신이군요!"

니콜라가 얼빠진 표정으로 프랑크를 바라보았다. 그 자리에 있던 대부분의 사람들이 니콜라에게서 모나리자 같은 신비한 미소를 읽고 신중함을 발휘했다.

사실 장 미셸은 지난 1월 베르사유 문에서 니콜라에게 이렇게 말했었다.

"이 사진은 당신 같지 않아요."

하지만 니콜라는 단호했다. 그는 그 사진 속의 자기 모습을 좋아했다. 그가 그 사진에 대해 완전히 확신하지 못했을 수도 있지만 그의 가족들이 그 사진을 마음에 들어했다.

보를루가 계속해서 말했다.

"이건 당신이 아니에요, 당신이 아니라고요!…… (못마땅한 표정으로 서류를 두드리며) 실제의 이 양반처럼 보이는 사진 없어요?"

니콜라가 힘 빠진 표정과 흐리멍덩한 눈으로 그 서류를 들여다보았다. 그리고 지친 목소리로 말했다.
"좋아요…… 프랑크, 어떻게 해야 하지?"

새벽 한 시.
장 미셸의 여유와 활력은 매우 특별하다. 그가 니콜라에게 말했다.
"내일은 마르세유에서 자유롭게 시간을 보내십시오. 재미있게 즐기고, 저녁에는 외출도 하시고……"
저녁에 '재미있게 즐기라'는 조언은 니콜라 사르코지에게는 한 편의 멋진 시詩이다.
"카날 플뤼스의 방송에 출연해야 해. 그래서 돌아가야만 하네."
나지막한 테이블 위에 두 다리를 쭉 뻗고 눈살을 찌푸린 채 자신의 두 발을 바라보면서 그는 무슨 생각을 하고 있을까? 온화한 이미지의 대통령 후보로 보낸 이 첫 하루에서, TGV 안에서, 지방도로 위에서 그리고 딸기 따는 사람들과의 만남에서 그는 무엇을 간직했을까? 몇 주 전 그의 진영에 가담했어야 할 보를루를 끌어들이기 위해 마련한 저녁 식사에 대해서는 말할 필요도 없다.
니콜라가 장 루이 보를루에게 말했다.
"잠깐만, 장 루이, 당신이 내일 내 대신 일을 해주면 어떻겠소?"
옆에 있던 장 미셸이 희색이 만면하여 외쳤다.
"좋은 생각입니다, 아주 좋은 생각이에요! 그 동안 당신은 마르세유에서 아욜리(프랑스 남부 지방에서 먹는, 잘게 다진 마늘에 올리브 기름을 부어 만든 일종의 마요네즈―옮긴이)를 먹는 겁니다!"

"나는 내일 아침 언론과 인터뷰를 해야 해. 장 루이는 그 뒤에 나와 합류하면 되고."

니콜라가 다른 사람의 입장 따위는 무시해버리는 세련되고 천부적인 재능을 발휘하여 말을 이었다.

"카날 플뤼스의 방송에도 내 대신 그가 출연해야겠군."

장 루이 보를루가 나를 돌아다보며 물었다.

"당신은 어떻게 생각합니까?"

갑자기 펼쳐진 무례한 장면을 마감하는 마지막 붓질이었다. 그들과 나 사이에 가로놓인 커다란 차이에도 불구하고, 나는 위험을 무릅쓰고 내 생각을 말했다(내가 쓸데없이 참견을 하는 것인가? 물론 그건 아니다).

의연한 태도로 듣고 있던 니콜라가 말했다.

"프랑크, 기자들이 모두 철책 앞에 있는 한 자네는 장 루이가 나와 함께 거기에 있다는 것을 확실히 부각시켜야 하네. 참, 그래도 방은 각자 하나씩 쓸 거야."

장 미셸만 이 말에 즐거워했다.

니콜라와 장 루이 보를루는 아직도 방 안에 있다. 서로 얼굴을 마주한 채.

시간이 조금 흐른 뒤, 니콜라가 물었다.

"당신 만족합니까?"

보를루가 야릇하게 대답했다.

"긴장을 풀었습니다."

보를루가 자리에서 일어나더니 소파에 앉아 있는 니콜라에게 다가갔다.

그들은 낮은 목소리로 이야기를 나눴다. 그들은 피곤해 보였지만 부자연스러운 친밀함을 가장하며 소파에 편하게 몸을 기댔다.

마르세유. 니콜라는 《라 프로방스》 독자들과 함께 원형 테이블에서 점심 식사를 했다. 그는 결국 자기 뜻대로 했다. 국회의원들과 점심 식사를 하지 않고 《라 프로방스》 독자들과 함께 점심 식사를 한 것이다. 하지만 국회의원들과의 점심 식사만큼이나 《라 프로방스》 독자들과의 점심 식사도 대수롭지 않게 여겼다.

그는 피곤한 상태지만 연단 위에 올라가 마이크를 앞에 놓고 노동자들을 향해 연설을 한다. 작업도구와 기계들이 줄지어 늘어서 있다. 언젠가 나는 멕시코에서 한 농부가 벌채용 톱을 들고 인적 없는 길에서 숲속으로 들어가는 것을 본 적이 있다. 배의 모터를 만드는 그 공장 안에 울려 퍼지는 군데군데 끊어지는 니콜라의 쉰 목소리를 들으면서 나는 사람들이 도망치고 싶을 때 사용하는 수천 가지 방법에 대해 생각했다.

니콜라는 선두를 달리고 있다. 몇 주 전부터 모든 여론조사 결과가 1차 투표와 2차 투표에서 그가 승리할 거라고 예측하고 있다.

니콜라는 계속해서 말한다.

"나는 도전하는 사람입니다. 나는 도전하는 사람의 역할을 완벽하게 해내고 싶습니다."

그는 진심으로 그렇게 말한다.

많은 사람의 우상이 된다는 것은 도전을 사랑하는 사람에게 얼마나 큰 환멸을 안겨줄 것인가.

그가 자기 팀원들에 대해 말했다.

"그들은 불평할 권리가 전혀 없어요. 나는 그들을 포식시켰습니다. 상하게 하지 않고 포식시켰다구요(gaver(포식시키다)와 gâter(상하게 하다)의 발음이 비슷한 데서 착안한 말장난—옮긴이). 오늘 나는 숨을 좀 고를 필요가 있습니다. 그러고 싶은가 아닌가는 문제 밖의 일이에요. 공화국의 대통령이 되기를 원한다면 평범한 삶을 살 때처럼 행동할 수 없습니다."

"지금까지 살아오는 동안 사람들은 내게 서두르지 말라고 말했습니다. 늘 진득이 기다리라고 했지요! 하지만 그렇게 살다 보면 어느 날 문득 나이만 먹어버린 자신을, 기다리기만 했던 자신을 발견할 것입니다." 그는 《필로조피 마가진》에 실린 대담에서 미셸 옹프레에게 이렇게 말했다.(미셸 옹프레는 "나는 권태라는 것을 모릅니다. 나는 언제나 삶이 멋지다고 생각합니다. 열정으로 충만해 있기 때문이지요……"라고 말했다.)

니콜라는 『아르투르 쇼펜하우어의 썰매』에서 다음과 같은 대목을 찾아냈다. "한 번은 어느 남자가 내가 찍어둔 드레스에 대해 이렇게 말했다. '그 드레스는 기다리셔야 합니다.' 내가 물었다. '무엇을 기다려야 한다는 거죠? 무엇을 기다려요?'" 그는 이 대목을 다양한 화제에서 여러 번 반복하여 인용했다. 심지어 연설에서도 인용했다.

그 '무엇'이 대체 무엇이란 말인가? 말을 하자면 한도 끝도 없을 것이다.

"구름처럼 모인 저 팬들 좀 보세요."

니스의 숙소에서 텔레비전을 보여주며 앙리가 농담을 했다. 나는 그가 분홍색 셔츠를 입었고 그 셔츠가 땀에 젖은 것이 화면을 통해 다 보인다는 것을 니콜라에게 지적했다.

그가 어깨를 으쓱했다. 그에게는 고쳐야 할 게으른 부분이 있다.

내가 이어서 말했다.

"아니면 끝에 가서 그 셔츠를 벗어 관중에게 던져버리세요. 조니처럼요."

"가난한 자들의 그 조니 말이오? 가난한 자들의 조니가 당신에게 시사하는 바가 무엇인지 당신 알아요?"

"내가 쓰는 글은 그런 겸허함과 별로 관련이 없어요."

"그건 실수네요."

송로버섯을 넣은 따뜻한 빵, 송로버섯을 넣은 가리비 요리, 반으로 자른 바닷가재 요리, 송로버섯을 넣은 파스타, 리조토…… 고급 요리들이 놀랄 만큼 빠른 속도로 날라져 왔다. 니콜라가 자기는 이곳에 잠깐만 있다가 갈 거라고, 시간이 없다고, 빨리 파리로 돌아가야 한다고 말했다.

"드세요, 들어요. 대단히 훌륭한 요리들이네요. 나는 이 식당의 요리들을 잘 알아요. 프랑스에서 이런 훌륭한 요리를 내는 곳은 흔치 않지요. 아, 언젠가 내가 야스미나 레자를 '라 프티트 메종'에 데려갔어요. 그곳 종업원들이 그녀에게 송로버섯을 넣은 샌드위치를 내왔죠. 그러자 야스미나는 '이 타프나드(양각초 꽃봉오리, 검은 올리브, 으깬 멸치 등으로 만드는 프로방스 지방의 샐러드 드레싱—옮긴이) 훌륭하네요!' 하고 말했어요."

그때 그의 오른쪽에 있던 어깨를 드러낸 금발 아가씨가 밤마다 그에 대해 생각한다고 말했다.

니콜라가 나를 돌아다보며 말했다.

"저 아가씨가 밤마다 내 생각을 한대요. 놀랍지 않습니까?"
내가 마지못해 대꾸했다.
"네, 네……"
"정말 감동적인 말 아닙니까?"
(그의 손이 그 아가씨의 등 언저리에서 방황하고 있었다.)
내가 말했다.
"감동적이라는 것은 적절한 표현이 아닌 것 같네요……"
"왜요, 이 아가씨 매력적이잖아요!"
나는 말했다.
"니콜라, 좀더 바람직하게 행동하도록 애써보세요. 당신이 공화국의 대통령이 되기를 원한다는 사실을 잊지 말아요……"

그가 특유의 어린아이 같은 얼굴로 웃고는 조금 부끄러워하는 표정으로 머리를 만졌다. 그는 자리를 떠야 한다는 사실을 잊고 있었고, 그 아가씨는 그에게 바싹 붙어 있었다.

그가 레몬첼로(레몬 껍질로 만든 이탈리아 술. 도수가 높아 주로 식후에 마신다—옮긴이)를 한 모금 마시고는 말했다.

"매혹적인 곳이에요, 오늘 밤엔 모든 것이 매혹적이네요."

"그는 결코 늦지 않았습니다." G.가 처음에 내게 했던 말들 가운데 한마디다. 나는 이 말을 그저 늦지 않았다는 말로 이해했다. '결코'라는 단어에 주의하지 않았던 것이다.

하지만 그는 틀렸다. 삶의 어떤 공간도 한없이 열려 있지는 않은 법이다.

지난 며칠 동안 내가 수첩에 적은 글들 속에는 얼마나 많은 말이 반복되고 있는지. 내 수첩 속에서는 갖가지 사건이 연이어 나타나고 뒤섞인다. 단조로운 열광들. 하지만 바로 거기서 역사가 씌어진다.
비극 속에는 장소가 존재하지 않는다. 시간도 존재하지 않는다. 새벽이기도 하고, 저녁이기도 하고, 혹은 밤이기도 하다.

퀴비에 거리에 있는 자연사 박물관. 환경보호를 주창하는 NGO들과 만남을 시작하면서 니콜라가 상의를 벗고 말했다.
"그래요, 나는 위험을 무릅쓰고 이 자리에 와 있습니다. 내 친구들은 모욕을 당할지도 모른다며 이 자리에 참석하겠다는 나를 말렸습니다…… 하지만 나는 여러분과 토론하고 싶습니다. 나는 사람들이 내 모습이 실린 전단지를 흔들어대며 '사인해주세요, 사인해줘요'라고 말하는 것으로 만족하지 않습니다. 여러분 중 몇몇이 내 편이 아니라는 것은 이미 각오하고 있습니다."
토론이 시작되었다. 쌍방이 모두 건설적으로 토론에 참여했다.
한 발언자가 그에게 말했다.
"당신은 파시스트가 아닙니다. 우리는 히피가 아니고요……"

그러자 그가 응수했다.

"하지만 그렇다 해도 괜찮습니다. 히피는 기분 좋은 사람들이죠! 여러분도 아시다시피, 지금 프랑스 정치는 극도의 흥분 상태입니다!"

니콜라에 대한 《렉스프레스》의 기사 속에서 나는 다음과 같은 정확하고도 적절한 구절을 발견했다. "기분 나쁜 진실성……"

RTL(radio generaliste francaise, 프랑스의 라디오 방송국─옮긴이) 방송국의 지하층. 니콜라가 벽걸이 텔레비전 아래에 놓인 선명한 빨간색 안락의자에 앉아 있다. 벽걸이 텔레비전은 무음 상태이고 LCI(La Chaîne Info, 프랑스 국영방송 TF1의 뉴스전문 채널─옮긴이)에 채널이 맞춰져 있다. 방송국의 자신에 대한 푸대접에 그가 불평하는 동안(다른 후보들이 그보다 먼저 나오는 것 같았으므로), 프랑수아 베루가 그의 머리 위 벽걸이 텔레비전 속에 나타나 마르티니크의 한 시장市場에 대해 말하며 큰 소리로 웃었고, 아르데슈의 자연 풍경을 배경으로 세골렌이 스카프를 나부끼며 모습을 드러냈다. 그리고 마침내 그가 초현실적일 만큼 느긋한 몸짓을 보이며 자동차에서 내리는 모습이 나왔다. 그는 계단으로 올라가 자취를 감추었다.

『다 함께』. 매우 신중하게 발간한 그의 새 책 제목이다. 비서실 직원 거의 전부가 대중운동연합 당사로 옮겨갔다. 그들은 해 질 무렵 《르 몽드》의 기자 세 명에게 그 책을 한 권씩 전달해야 한다.

대중운동연합 당사의 베란다. 안락의자 두 개, 두 명이 앉을 수 있는 소파 한 개가 놓여 있다. 나지막한 테이블도 하나 있다. 모인 사람들 앞에 니콜라의 책 『다 함께』가 놓여 있다.

니콜라(아주 조용하면서도 단호한 어조로) : ……그런데 아무도 이 책을 갖고 있지 않더군요. 아무도 이 책에 대해 몰라요.

필리프 리데 : 고맙습니다…… 그런데 경쟁자들에게 헌사를 쓰지는 않으셨나요?

니콜라 : 헌사를 바친다, 그렇게 한다면 위선이겠지요.

기자들이 책을 훑어본다. 조용한 가운데 페이지들이 넘어간다.

니콜라 : 대단한 작업이었죠…… 일인칭 시점으로 썼어요…… 보시면 알겠지만 꽤 재미있습니다…… 오늘 밤에 읽어보세요…… 유익한 밤 시간을 보내게 될 겁니다.

필리프 리데 : 베르바탱의 장소들은 진작에 점찍어두신 겁니까?…… (니콜라가 관대한 미소를 짓는다) 아, 그러셨군요. 달리 말씀하시고 싶은 것은 무엇입니까?

니콜라 : 글쎄요, 책 속에 씌어 있는 것만으로도 충분한데…… (그가 책을 집어든다) 내가 주장하고 싶은 것은 이것입니다. 이 책의 표지가 예쁘다는 거요.

다른 두 기자들 중 한 명 : 대통령다우시군요.

니콜라 : 그렇습니다.

침묵.

이어서 추가적인 대화 몇 마디가, 이 만남에 형식을 부여하기 위한 절충적인 시도들이 뒤따랐다.

니콜라가 일어서서 엘리베이터를 향해 걸어가면서, 평소의 달변을 되찾으면서 필리프 리데에게 말했다.

"당신은 2004년 이래 내가 형편없는 전략을 택했다고 확신했지요. 이제 내가 당신에게 무슨 말을 해야 할까요? 당신은 사회통념을 그대로 받아들이는 사람입니다. 나는 당신이 글 속에서 당신 자신을 꽉 짜인 틀 안에 몰아넣는다는 사실을 깨달았으면 좋겠습니다!"

레이스가 달린 모자를 쓰고 하얀 앞치마를 입은 백 명 가량의 추종자와의 비현실적인 만남이 제빵 공장에서 한 번 더 있었다. 벽과 천장을 비롯하여 주변의 모든 것이 거의 흰색 플라스틱으로 되어 있었다. 중간 정도 높이의 순환 레일 위를 돌고 있을 빵과 과자들은 그림자도 보이지 않았다. 보를루, 두스트 블라지(Philippe Douste-Blazy, 1953~, 프랑스의 정치인·심장병 전문의—옮긴이) 그리고 사르코지의 모습을 보기 위해 몇몇 직원들은 아직 빵이 구워지지도 않은 시식 코너에 몰려와 있었고, 기자들은 야만적인 장비를 지닌 채 철제 선반 아래와 냉동고 속으로 통하는 전기 검색대 사이를 왔다갔다했다.

마침내 좁은 사무실 안에 자리를 잡고 앉았다. 벽에는 브리도르(프랑스의 제빵업체 이름—옮긴이) 포스터가 붙어 있었고, 찬장에는 샘플용 바게트와 크루아상이 들어 있었다. 테이블 앞에 앉은 니콜라는 '투쟁하듯 살아온 이력'에 대해 말하는 한 여자의 이야기를 들으면서 초콜릿 빵을 먹었다. 삶의 우여곡절이 그녀를 어느 제빵 공장으로 이끌었고(니콜라는 반사적으로 그 공장의 이름을 적는다), 적극적으로 살도록 용기를 주었다. 한순간 니콜라는 자신이 뭔가 말해야 한다고 느끼는 듯했다. 그는 먹던 빵을 삼키고 자신이 메모한 것을 들여다본 뒤, 관심을 기울이는 표정으로 눈썹을 찌푸리며 말했다.

"하지만 당신은 '누누르'라는 그 공장을 떠나도록 강요받지 않았습니까?"

"CTP(Contrat de Transition Professionnelle, 직업이동계약. 해고당하는 임금 노동자들을 구제하기 위한 제도. 최대 12개월 동안 임금의 80%를 받으면서 회사나 공공기관에서 직업이동을 위한 직업교육을 받을 수 있다—옮긴이)라는 제도 안에서 나는 가내에서 노인들을 돌보는 직업을 선택했어요. 나는 노인들을 좋아하거든요. 하지만 그 일을 하려면 CDD(Contrat à Durée Determinée, 기간제 계약. 비정규직과 비슷한 개념—옮긴이)에서 CDD로 옮겨다닐 수밖에 없었어요. 결국 나는 CTP를 포기할 수밖에 없었죠……"

니콜라는 처음엔 놀란 표정을 지었다가 이내 동정하는 표정으로 바뀌었고, 그녀의 말을 경청하면서 입가에 미소를 떠올렸다. 그는 몇 분 동안 그런 자세로 꼼짝 않고 있었고, 그녀의 말이 다 끝나자 평소처럼 진지한 어조로 말했다. "고맙습니다, 마르틴."

정치인들의 모임.

그는 하얀 줄무늬 셔츠를 입고 술 장식이 달린 구두를 신었다.

"사람은 많지만 밥그릇이 충분치 않습니다. 바로 이것이 프랑스 국민들이 처한 상태지요."

그의 다리가 초조해하고 구두의 술 장식이 춤을 춘다.

"한 가지 더 말씀드리겠습니다. 만약 우리에게 일체감이 없다면, 우리는 세골렌 뒤로 밀려날 것입니다. 내 친구들은 최고입니다. 우리는 최고예요. 만약 내가 30% 득표를 달성한다면, 그것은 우리가 르 팽 지지자들을 끌어왔기 때문일 겁니다. 르 팽 지지자들이 우리를 떠나면 우리는 침몰합니다."

구두의 술 장식이 실성한 것처럼 춤을 춘다.

선거운동용 공식 광고를 촬영하는 날.

그가 지긋지긋하다는 표정으로 도착해서 말했다.

"아, 나는 우리가 무슨 짓을 하는지 전혀 모르겠습니다. 나는 정말이지 이런 일이 지긋지긋해요. 가능한 한 빨리 떠나고 싶습니다."

그가 분장실 안으로 모습을 감추었다가 다시 나왔다.

"구경꾼들을 몰아낼 수 있을까요? 여기는 기차역인데?"

그가 등받이 없는 의자에 걸터앉았다.

"자, 내가 어디를 바라볼까요?"

"중앙 카메라를 보세요."

"이렇게 하면 됩니까?"

최초의 광고가 촬영되었다. "친애하는 국민 여러분······" 이런 지독한 속임수를 누가 찾아냈을까? 그 광고는 자연에 반하는 지독한 속임수였다. 나에게는 이 광고에 관한 정보가 전혀 없었다. 아무도 아무것도 말해주지 않았다. 여기에 모인 사람들은 다들 무엇을 하고 있는 걸까?

니콜라의 목소리가 들렸다.

"사람들을 모두 내쫓으세요. 정말 지긋지긋하네요."

그는 나 역시 내쫓았다. 하지만 나는 그것에 전혀 놀라지 않았다. 나는 눈에 띄지 않는 곳에 피해 있을 것이다.

그는 연달아 여러 편의 광고를 촬영했다. 그는 메모를 보지 않고, 되풀이하지 않고 이야기했다. 그는 사람들이 시키는 대로 했지만, 절대 두 번 이상 반복하지 않았다. 우리는 그의 재능과 능력에 감탄할 수밖에 없었다. 하지만 오늘 아침 무엇보다 내 마음을 끈 것은 기이하게도 그의 기분이었다. 그의 재능이 아니라 그의 불순종, 뭔가를 강제적으로 할 수밖에 없는 상황에 대한 그의 불쾌감, 규정에 대한 그의 혐오감이 내 마음에 들었다. 내 마음에 든 것이 또 하나 있었다. 기분이 몹시 불쾌한데도 나지막하게 말하고 있는 그의 목소리였다.

"자, 이제 남은 일이 뭡니까? 연대성에 대한 발언입니까? 어처구니없는 이 주제는 대체 뭡니까? 연대성이라니, 그런 건 아무런 의미도 없습니다."

사람들이 그에게 상의를 다른 것으로 갈아입으라고 했다.

"아니에요. 나는 이 옷차림이 마음에 듭니다. 이대로 찍겠어요."

"각기 다른 세 장면을 찍을 겁니다. 그런데도 계속 같은 차림새로 찍으시겠습니까?"

"그래요, 그럴 겁니다. 이 상의는 아주 멋지니까요." 그는 연대성에 대한 광고를 촬영했다.

장 미셸이 내 귀에 대고 소곤거렸다.

"저분이 미소를 좀더 띨 필요가 있겠어요."

"하지만 당신이 저분에게 미소를 띠라고 말하면 엄청나게 격분할 걸요."

니콜라가 커튼 뒤로 들어갔다가 다시 나왔다. 그는 상의를 갈아입는 것에 동의했고, 너무 공격적인 것으로 판단된 처음 촬영분을 다시 찍는 것에도 동의했다.

"기술자들에게 친절한 말 한마디만 건네세요."

장 미셸이 그에게 슬쩍 말했다.

"아니, 아니네. 내게 문제가 있는 게 아니야. 다른 사람들이 다섯 시간 동안 하는 것을 나는 겨우 한 시간 반 동안 하고 있어. 기술자들의 입장에 대해서는 알 바 없네."

하지만 그는 결국 떠나기 전에 기술자들에게 몇 마디 했다. 그는 활력 있는 태도로 그들에게 자신의 입장을 설명했다.

"형씨들, 당신들도 내 입장을 이해하겠지요. 빨리 진행해야 해요!"

짜증을 낸 데 대한 사과의 말 같은 것은 한마디도 없었다.

리옹 브롱의 공항.
한 무리의 사람들이 항의 시위를 하고 있다. 그가 '크루아 루스' 빵집 앞에 나타났다.
우리는 강한 햇빛이 내리쪼이는 주차장에서 기다리면서 이 어처구니없는 상황을 비웃었다. 조제 프레슈(José Frèches, 1950~, 프랑스의 문인—옮긴이)가 말했다.
"마카롱 과자를 먹으려고 가짜 코지 코너(방 한구석에 놓는 긴 장식장 겸 테이블—옮긴이)에 간다는 것은 정말 수고스러운 일이죠! 당신은 CGT(Confédération Générale du Travail, 프랑스 최대의 노동조합 중앙조직—옮긴이) 녀석들과 함께 공장으로 가세요. 아무 문제 없어요. 저 빵집 앞으로 가세요. 가서 시위를 해요!"
깊은 생각에 잠겨 귀에 휴대폰을 대고 서성거리는 그의 모습이 차창을 통해 바라다보였다.

누군가가 왜 사람들에게 사랑받도록 행동하지 않느냐고 그에게 질문하자, 그는 여론조사 결과를 인용하며 대답했다.
"그렇게 해서 사람들이 나를 사랑하면 어떻게 된다는 겁니까! 나는 시골 마을, 공장 등 나라 방방곡곡을 돌아다닙니다. 하지만 반대

시위는 없었어요."

  그는 현실을 왜곡하고 있다. 그는 측근들이 자기를 보호해줄 거라 믿고 있다.

  그는 자신이 대통령에 당선된다 해도 그것이 반드시 사람들에게 사랑받는 것을 의미하는 것은 아니라고 덧붙였다.

  나는 자신의 약점에 서둘러 작위를 수여하는 그 거만한 어법에 감탄했다.

  리옹에서 돌아오면서, 앙리가 문화에 대한 니콜라의 연설이 어땠냐고 내게 물었다.

  "지나치게 교화적이었어요. 또 언제나처럼 당신이 마지막 부분들을 다 바꿔버렸고요."

  그가 응수했다.

  "당신은 정치에 대해 아무것도 이해 못 하는군요!"

  망치질 소리만 들리는 초자연적인 침묵 속에서 실내건축 견습생들이 모두 몇 대인지 모를 카메라와 기타 촬영도구들 앞에서 안락의자에 못질을 하고 있다. 니콜라가 그 모습을 바라보고 있다. 삼십 분 뒤 그는 인내력의 한계에 다다랐고, 한 남자가 끔찍한 소리를 내며 오래된 벽돌을 복구하는 것을 바라보며 말없이 고개를 끄덕였다.

  얼마나 많은 실연實演, 거푸집 만들기, 거푸집에서 꺼내기, 망치질,

흙손질, 돌 긁기가 있었던가?

로랑이 말했다.

"저 사람이 오래된 벽돌에 윤내는 일을 한 지가 삼십 년이랍니다."

4월 12일 목요일, 투르. 내가 보기에 니콜라는 지난 1월 14일 이후 가장 강력한 연설을 했다.

"그래요, 나는 이민자의 자식입니다. 그래요, 나는 헝가리인의 아들이고, 테살로니카에서 태어난 그리스인의 손자입니다…… 그래요, 나는 혼혈 프랑스인입니다. 하지만 나는 우리 각자는 자신이 프랑스에 가지는 사랑만큼, 프랑스의 총체적인 가치에 가지는 애착만큼 프랑스인이라고 생각합니다…… 프랑스는 하나의 인종으로 이루어지지 않았습니다, 프랑스는 하나의 민족이 아닙니다…… 우리는 우리의 뿌리에 의해, 조상에 의해 프랑스인이 되는 것이 아닙니다…… 우리는 프랑스인이 되기를 원하기 때문에…… 프랑스를 자랑스러워하기 때문에 프랑스인이 되는 것입니다. 프랑스에 대해 의무감을 느끼기 때문에, 프랑스에 대해 감사하는 마음을 느끼기 때문에 프랑스인이 되는 것입니다. 내 아버지는 이란 부모님들 사이에서 모스크바에서 태어났고 헝가리 여자와 결혼했습니다. 하지만 빅토르 위고와 라 퐁텐의 시를 애송했습니다. '모래가 많고, 불편하고, 사방이 태양에 노출된 오르막길에서……' "

그가 시구를 인용했다. 그는 언어의 경이로운 충격을, 언어의 음악성을 지적했다. 그의 발음은 훌륭했다. 그는 사람들이 한 인간을 그의 액센트로 판단한다고 말했다. 그래서 나는 그 앞에서 '우에(ouais, '그래' '그럴까' 등의 의미를 가진 말. 비꼼, 의심, 놀람을 나타내는 표현으로, 점잖은 표현이기보다는 속어에 가깝다—옮긴이)'라고 말할 수 없었다.

그는 말했다.

"어린이 여러분 파리를 보십시오. 세상에서 가장 아름다운 도시인 파리를 보세요. 운 좋게도 여러분은 세상에서 가장 아름다운 도시에 살고 있습니다."

앵발리드 앞을 지나갈 때 그는 말했다.

"저 예쁜 돔을 보세요. 손으로 꼭 쥐고 싶어집니다. 마치 보석 반지 같아요. 여러분은 프랑스에서, 아름다운 정원에서, 축제의 나라에서 태어났습니다. 나는 여러분이 그 사실에 자부심을 갖기를 바랍니다."

그는 아마도 그가 읽었을 문학가들의 이름을 인용했다. 하지만 그가 그들의 이름을 인용한 방식은 그가 그들을 알고 있다는 사실 자체보다 더 중요했다. 그는 탈레랑, 마자랭 등 문인과 정치인들의 이름을 인용했다. 그는 조레스, 블룸, 레이몽 아롱 그리고 멘데스 프랑스를 인용했다. 그는 프랑스의 역사를 '자신의' 역사로 만들었다.

내가 그에게 말했다.

"학창시절에 친구들이 말했어요. '나는 브르타뉴 사람이야.' '나는 알자스 사람이야.' 나는 그런 구분을 전혀 이해할 수 없었어요. 그래서 나는 이렇게 말했지요. '만약 나에게 어디 사람이냐고 묻는다면 나는 이란 사람이야.' 그건 사실이었어요. 왜냐하면 나는 이란 여권을 갖고 있었으니까요. 더 이상 나를 위해 존재하지 않는 나라의 아무 짝에도 쓸모없는 여권. 내 가족들은 바다를 건너 흩어졌어요. 그래서 나는 그들과 공통되는 언어를 갖지 못했죠. 내 언어는 아름다운 프랑스어였고, 그것이 나를 새롭게 탄생시켰어요."

나는 신문을 펼치다가 그가 한 다음과 같은 발언을 발견하고 매우 반가웠다.

"나는 통념을 뒤집는 예술을 매우 좋아합니다. 제프 쿤스(Jeff Koons, 1955~, 전위적 경향을 띤 미국의 현대미술가. 회화, 사진, 설치미술 등을 다양한 물질과 기술을 동원하여 작품화했다—옮긴이)의 강아지 크리스토의 급습이 그랬듯이 혹은 바리니(Felice Varini, 1952~, 스위스의 현대미술가. 관람자의 위치에 따라 작품이 제대로 보이기도 하고 왜곡되어 보이기도 하는 독특한 공간작업을 선보이고 있다—옮긴이)의 왜곡된 상像이 그랬듯이 말입니다."

니콜라 사르코지는 《아르 마가진》과의 대담에서 이렇게 말했고, 그 말이 《르 피가로》에 인용되었다.

얼마나 기쁜 일인가! 이 천진한 사람이 독특한 생각 속에 다이빙하다니, 오, 얼마나 즐거운 일인가. 연설을 할 때는 그토록 단호한 태도를 보였던 그가 말이다! 그는 우리에게 멋진 선물을 주었다. 그리고 이성을 잃은 조언자의 보호 아래에서 '그것' 이 기사화되도록 내버려두었다!

휴식 시간.

나는 엄마 집에 가서 차를 마셨다.

나는 누구에게 투표할 생각이냐고 엄마에게 물어보았다(2007년 프랑스 대선 1차 투표에는 니콜라 사르코지, 세골렌 루아얄, 프랑수아 베루, 장 마리 르 팽, 올리비에 브장스노, 필리프 드 빌리에, 마리 조르주 뷔페, 도미니크 부아네, 아를레트 라기예, 조제 보베, 프레데릭 니우, 제라르 시바르디, 총 12명의 후보가 출마했다―옮긴이).

엄마가 대답했다.

"글쎄, 꽤나 난처한 질문이구나. 일단 베루는 아니야. 난 자기 아내에게 아이를 여섯이나 낳게 한 남자에게는 투표하지 않을 거다. 그건 비겁한 짓이지. 르 팽으로 말하자면, 시대에 뒤떨어진 그 늙은이의 머릿속에 말도 안 되는 생각이 꽉 들어차 있다는 건 다들 잘 아는 바지. 세골렌, 나는 그녀를 한 대 쥐어박아주고 싶다. 내 생각에 그녀는 '프랑크 에 피스(Franck et Fils, 파리에 있는 여성복과 액세서리 등을 파는 상점―옮긴이)'에서 일하는 게 좋을 것 같아. 삼십 년 전 그 상점에서 일하던 M.부인이라는 여자가 '당신에게 아주 잘 어울릴 파란 드레스가 들어왔어요'라고 내게 말했지…… 사람들은 그 직업을 '수석' 또는 '수석 여점원'이라고 불렀단다. 요즘엔 책임자라고 부르지. 하지만 그 직업은 겉보기에만 전문가처럼 보일 뿐이야. 세골렌은 그런 여자다. 나는 마리 조르주에게 호감이 가더구나. 그 여자는 바보스럽게 보이지 않아. 난 그녀가 무척 마음에 든다. 하지만 그녀에게 투표하지는 않을 거야. 그녀는 내가 시장에서 만나 커피 한 잔 마시자고 집에 초대할 수 있을 것 같은 여자야. 니콜라, 그 사람은 너무 신경질적이지. 만일 그 남자 같은 아들이 있다면 꽤나 골치가 아플 것 같다. 그에게는 2%가 부족해. 그 2%가 국제적인 카리스마를 발휘해야 할 때 문제가 될 거다. 미테랑 전 대통령은 그릇이 큰 사람이었지. 온화하기도 했고. 반면 니콜라는 캉캉 짖으면서 이리저리 뛰어다니는 폭스테리어 같아. 그는 남부 지방 액센트를 가졌고, 라 볼 레 팽에서 코르시카의 당나귀 소시지도 팔 수 있을 거다. 그런 점은 훌륭하지. 조제 보베로 말하자면, 콧수염을 밀어버리기 전에는 좋게 봐주고 싶지 않다. 그리고 그 담배 파이프! 나는 그 파이프를 뚝 분질러주고 싶어. 콧수염과 파이프, 그 두 가지가 영 마음에 안 든다. 조제 보베가 처음 나왔을 때, 나는 비판이 많아 보이는 그 사람에게 꽤나 호감을 가졌지. 그 사람은 사람들이 뿌루퉁하게 생각하는 지점들에 불을 놓았어. 하지만 그 후엔 영 아니야. 이제 나는 그 사람에게 관심이 없어. 그 사람은 시간을 내서 농부 일을 하면 좋을 거야. 부아네, 그녀는 상냥한 사람 같다. 하지만 환경 문제에 너무 집착하는 것 같아. 나야 그녀가 오존층을 보호하자고 호소할 때 귀를 기울일 거야. 하지만 산업체 사장들이 그런 말에 귀를 기울이겠니? 여기까지 들었으니 너도 눈치챘겠지만, 나에게 후한 점수를 받을 사람은 많지 않단다."

"그러니까 누구에게 투표할 건데요?"

엄마가 한숨을 쉬며 대답했다.
"글쎄, 아마도 사르코지에게 하겠지."

툴루즈로 날아가는 중이다.
내가 니콜라에게 말했다.
"나는 내가 사랑했던 남자들을 지금도 좋아해요."
니콜라는 내가 무척 어리석은 말을 하기라도 한 듯이 어깨를 으쓱했다.
"정말이에요. 당신에게 단언하는데, 나는 내가 사랑했던 남자들을 한 번도 싫어한 적이 없어요."
"제발 그만 해요!"
"다르게 표현하면 지금도 그들을 사랑해요."
그가 말했다.
"야스미나, 나를 바보 취급하지 말아요. 모든 일에는 보이지 않는 다른 측면이 있는 겁니다. 당신이 사랑을 규정짓고 나면, 그것은 더 이상 존재하지 않게 돼요."

에어버스사의 기업운영위원회 건물에서 CGT 책임자와의 활기 찬 토론이 벌어졌다.
"다우, 나는 당신에게 매우 호감을 느낍니다. 하지만 어퍼컷을 날릴 때는 답례로서 한 방 맞을 것을 예측해야 합니다. 무슨 소리냐 하면, 내가 모든 것을 곰곰이 생각해봤는데……"

그의 협력자 중 한 사람이 나에게 말했다.

"저분이 '내가 모든 것을 곰곰이 생각해봤는데'라고 말하는 건 실은 그것에 대해 전혀 생각해보지 않았다는 뜻입니다."

클로디우스 레고 암 센터 복도.

추종자들의 무리 속에서 다갈색으로 머리를 염색하고 투피스를 입은 포동포동한 오십대 여자가 다음과 같이 말했다.

"부근의 한 병원에서 나이든 사람들과 함께……"

그녀는 마치 자신과 다른 종種에 대해 말하는 것처럼 그 말을 했다. 우리는 우리도 나이가 들 거라는 사실을 결코 생각하지 못한 채 나이든 사람들에 대해 이야기한다.

솜 만灣으로 출장 갔을 때 엘로디가 찍은 사진 한 장을 내 방 벽에 걸었다. 그때엔 비가 내렸고, 한 여자가 니콜라의 머리 위에 커다란 검은 우산을 씌워주었다. 그는 매 한 마리가 어느 남자의 손바닥에 두 발을 디딘 채 장난치는 모습을 바라보았다. 겁에 질리고 아연실색한 표정으로 뒤로 물러서서 그 새를 응시했다. 나는 현대적인 방사선 치료용 선형線形 가속장치를 마주한 그의 얼굴에서 그때와 똑같은 표정을 다시 보았다. 그 기계의 한가운데에는 가죽을 잘라 만든 인체 모형이 누워 있었다.

4월 12일자 《리베라시옹》의 표제는 다음과 같았다. "니콜라 사르코지와의 대담, '국민전선 지지자에서 전향하는 것이 나쁩니까?'" 집게손가락으로 어딘가를 가리키고 있는 니콜라의 사진이 함께 실렸다.

신문 본문에 실린 정확한 문장은 다음과 같았다. "어떻게 해서든 국민전선 지지자들을 전향시키는 것이 나쁩니까?"

이 두 문장이 같은 뜻인가?

니콜라와 미셸 옹프레의 대담에 대해 한 번만 더 말하겠다.(미셸 옹프레는 자신의 블로그에 니콜라와의 만남에 대해 다음과 같이 썼다. '네로 황제의 응접실에 세네카가 앉아 있는 것 같았다.')

미셸 옹프레와의 대담에서 니콜라는 이렇게 말했다.

"나는 어떤 규칙들을 위반하면서까지 내 역할을 직접 창조했습니다……"

그는 '나 자신을 만들어냈다' 혹은 '나 자신을 건축했다'고 말하지 않았다. 그는 '내 역할을 창조했다'고 말했다.

툴루즈의 숙소.

니콜라 사르코지 : 당신 양복이 매우 우아하군요.

필리프 두스트 블라지 : 프라다 것입니다.

니콜라 사르코지 : 원단의 질이 좋고 재단도 훌륭해요. (나를 돌아다보며) 우리 두스트와 함께 옷 이야기 좀 해야겠어요.

콜롱베 레 되 교회.

그가 장군의 묘지 앞에서 묵념을 했다.

그리고 숲속으로 들어갔다. 잎이 우거진 나무들 뒤로 사라진 후 그가 무슨 일을 했을까? 참으로 불가해한 일이다.

그가 다시 나타났다. 그리고 나뭇가지 아래에 있는 외로운 산책로를 다시 올라갔다. 그가 왼쪽 다리에 체중을 지탱한 채 돌아섰다. 그는 키 큰 나무들의 그늘에서 아직 발걸음을 정하지 못하고 있었다.

로렌의 흉측스럽고 커다란 십자가 앞 그늘에서 잠깐 쉬었다.

프랑스2 방송국의 마이크(마이크란 독특한 기계이다. 그것이 켜져 있으면 비밀스러운 책임감이 부여되기 때문이다) 때문에, 우리는 신新역사주의적인 세 개의 문장을 적은 방명록의 엄숙한 글씨들을 보며 침묵해야 했다.

정오가 되었다. 우리는 미리 점찍어둔 오트 마른의 한 마을에서 시간을 보냈다.

메츠.

그가 눈을 반쯤 감은 채 따뜻한 물이 담긴 저수조의 용접한 자리를 관찰하고 있다. 그가 담당자의 설명을 듣지 않고 있음을 나는 잘 알고 있다. 그는 어떤 설명도 듣지 않는다. 그리고 그것은 중요하지 않다.

우리는 구부러진 관들이 늘어선 줄을 따라갔다. 저수조의 밑바닥에 매트리스처럼 생긴 보랏빛 강철판들이 겹겹이 쌓여 있었다. 우리는 숨을 제대로 쉬기 힘든 가운데 양쪽이 모두 막힌 실린더를 응시하고 있는 멍한 표정의 사람들에 대해 많은 것을 쓸 수 있다. 우리는 또한 금속으로 만들어진 물건들의 운명에 대해 쓸 수 있다. 며칠 전에 그가 역사를 재구성한 어느 책에 대해 이렇게 말했다. "상상력은 사실만큼이나 진실한 것이지요. 달라디에(Edouard Daladier, 1884~1970, 프랑스의 급진당 정치인—옮긴이)의 머릿속에 무엇이 있었는지 우리는 결코 알 수 없을 겁니다. 그런 것은 아무도 알 수 없지요." 그 역시 그것에 대해 알지 못했다.

생 투앵, 아침 아홉 시. 그가 줄무늬 셔츠에 물방울 무늬 넥타이 차림으로 커피 한 잔을 앞에 두고 앉아 있다. 그는 《르 파리지앵》 독자들의 질문에 대답하고 있다. 십여 차례의 비슷한 종류의 유세에 뒤이은 마지막 유세이다. 그는 지치고 신경이 날카로워 보인다. 그는 지나치게 말을 많이 하고, 자기를 과시하고, 지나치게 노련한 인상을 준다. 쓸데없이 자랑을 늘어놓고, 값싼 교육적 소신을 발휘하고, 이상하게 흥분한다.

한 여자가 물었다.

"당신은 질문을 받을 때마다 왜 그렇게 화를 내나요?"

그가 대답했다.

"프랑스 정치인의 삶은 성실성의 부족으로, 열정의 부족으로 고통받고 있습니다, 브리지트."

"우리는 온화하면서도 성실할 수 있어요."

"브리지트, 우리는 분개할 수 있는 능력을 간직해야만 합니다."

"우리는 흥분하지 않고도 분개할 수 있어요."

그는 곧바로 태도를 부드럽게 바꾸어 한 명 혹은 여러 명의 브리지트를 전적으로 무력화시켰다. 브리지트가 그를 싫어하는 것 같았기 때문이다.

언론들이 서로 약속이라도 한 듯 미친 듯이 날뛴 이상한 한 주다. 기사들의 표제와 발췌문들은 다음과 같았다. '두려움에 투표하라' '근심에 잠긴 사르코지 씨' '스탈린적 선전활동과 전쟁 전 파쇼적 수사학의 악취' '공포 분위기를 조성하는 인물' '유럽에서 가장 무자비한 정치인' '이 사람은 어느 부분이 미쳤다! 그 광기는 과거 많

은 독재자들이 연료로 사용하던 것이다.'

　병적이고 교활하고 사악해 보이는, 혹은 히틀러처럼 보이는 사진들이 위의 기사들과 함께 게재되어 있었다. 글로 묘사한 음흉한 그의 초상에 밀도가 부족하여 사진들을 덧붙여야만 했던 것처럼.

　파트릭 드베지앙이 말했다.
　"우리는 죽음이 다가오는 것을 원치 않습니다. 우리는 전투중입니다. 보십시오, 질병은 우리에게 다가오고 있지 않습니다. 우리는 그것이 다가오도록 내버려두지 않습니다. 우리는 우리가 질병보다 더 빠르게 나아갈 수 있다고 생각합니다."
　내가 물었다.
　"하지만 당신은 당신이 모든 것보다 빠르게 나아갈 수 있다고 생각하잖아요?"
　"그렇죠."

　마르세유에서 마지막으로 대규모 집회가 열렸다.
　두 개의 모니터가 나란히 놓여 있다. 첫 번째 모니터가 홀의 모습을 보여준다. 첫째 줄에 피용, 쥐페, 보를루가 있다…… 니콜라의 정치적 지원세력의 핵심인물들이다. 니콜라는 유쾌하고 긴장이 풀려 있다. 그의 남동생 프랑수아도 아내 그리고 친구 한 명과 함께 와 있다. 그는 모니터를 바라본 뒤 모인 사람들의 수가 많고 명사들이 많이 참석한 것에 행복해한다. 두 번째 모니터는 LCI 채널에 맞춰져 있다. LCI는 전날 이시 레 물리노에서 열린 니콜라의 회의 장면을 보여 주고 있다. 그는 그 화면에는 전혀 주의를 기울이지 않는다.

갑자기 그가 큰 소리로 외쳤다.

"보십시오, 우리가 무엇을 간과하고 있는지 보세요! 바질(Basile Boli, 1967~, 프랑스의 축구선수. 지금은 은퇴하여 프랑스3 TV에서 〈로토 풋〉이라는 프로그램을 진행하고 있다―옮긴이)의 근성입니다!!! 우리는 1993년 유럽 선수권 대회를 기억하고 바질 볼리의 활약을 기억합니다."

바질 볼리가 군중의 갈채를 받으며 관중석에 모습을 드러냈다.

"바질을 보십시오! 그는 이야기할 것입니다. 잠시 후에 여러분에게 이야기를 할 것입니다!"

니콜라는 기쁨과 흥분에 겨워했다.

"보세요! 다비드 지놀라(David Ginola, 1967~, 프랑스의 축구선수―옮긴이)를 보세요!! 엘 마니피코를 보세요!! 보세요, 그들입니다!…… 바질, 그는 한 번도 연설을 한 적이 없습니다. 하지만 여기서, 만 팔천 명의 여러분 앞에서 연설을 할 겁니다!"

모니터가 바질의 모습을 보여주었다.

"이 상황에서 내가 무슨 말을 하겠습니까?"

그가 모니터를 끄도록 사람들에게 신호를 보냈다. 그런 다음 작은 알약과 탄산수를 집어들다가 탄산이 없는 물을 예의 바르게 요청했다. 그러고는 황홀한 표정으로 바질 볼리를 바라보며 말했다.

"당신도 지놀라를 알죠. 그는 많은 사람들의 우상입니다. 보세요, 끝도 없이 모여든 이 군중을요!!"

그가 웃었다. 특별한 이유가 없는 웃음, 아이들에게서 볼 수 있는 텅 빈 만족감을 나타내는 웃음이었다.

나는 베르나르 픽소와 함께 숙소에서 그의 연설을 듣고 있다. 나는 그가 내뱉은 두 마디의 호언장담을 메모한다.

"만약 내가 존재하지 않았다면 나를 만들어내야만 했을 것입니다." "나는 탐욕이라는 감정을 모릅니다."

돌아가는 길에 앙리가 그 호언장담들이 최초의 연설문에는 씌어 있지 않았다고 나에게 확인해주었다.

다음날 나는 니콜라에게 그것에 대해 질문했다. 나는 '호언장담'이라고 말하지 않고 '그 어구들'이라고 말했다. 그가 서둘러 대답했다. 그 어구들은 물론 자기가 생각해낸 것이라고! 그는 사람들의 조롱을 듣지 못한다. 그리고 자기가 한 말을 철석같이 사실로 믿는다. "그래요, 내가 탐욕이라는 감정을 모른다는 것은 사실입니다."

1차 투표 전 공식 선거운동 마지막날 아침. 나는 세골렌 루아얄이 프랑스 앵테르(프랑스의 라디오 방송국—옮긴이)에 나와 이렇게 이야기하는 것을 들었다.

"금기가 하나 있었습니다. 블레어를 언급해서는 안 되었지요……
나는 나만의 자유를 갖고 싶습니다……"

니콜라와 세골렌, 이 두 사람에게 공통되는 두 가지 특질이 있다. 금기를 부수기 그리고 자유.

밤늦은 시각, 지방에 있는 G.가 전화를 걸어와 니콜라의 몇몇 발언의 시의적절성에 대해 이의를 제기했다. G.는 다음과 같이 말문을 열었다. "공화국의 대통령이 되고 싶다면 하지 말아야 할 이야기들도 있습니다. 나는 이 문제에 대해 그와 심도 있게 이야기를 나눠보고 싶습니다. 그는 대통령직을 수행하고 싶다면서 해서는 안 될 이야기, 추문을 불러일으킬 이야기를 거침없이 하고 있어요."

카마르그. 우리가 타고 있는 흔들리는 짐수레 앞에 니콜라가 말을 타고 모습을 드러냈다. 그는 청바지에 빨간 체크무늬 셔츠를 입고 있고 그의 뒤에는 검은 황소들이 보인다. 트랙터가 끌고 있는 짐수레에는 오십 명 가량의 기자들이 올라타 있다. 니콜라가 레이밴 선글라스를 벗었다. 니콜라는 햇빛을 잘 견디지 못한다. 그는 눈이 부신지 카메라 앞에서 눈을 가늘게 뜨고 이맛살을 찌푸렸다. 그는 왜 팔레르모의 골목길에 있는 조 페시(Joe Pesci, 1943~, 이탈리아계 미국 영화배우. 〈분노의 주먹〉〈원스 어폰 어 타임 인 아메리카〉〈좋은 친구들〉 등의 영화에 출연했다―옮긴이)를 연상시키는, 합리적인 평가를 할 수 없게 만드는 저런 길쭉하고 불투명한 선글라스를 선택했을까?

생트 마리 드 라 메르에서 돌아오는 길. 비행기 안에는 그의 측근과 협력자들이 거의 다 타고 있다. 엘로디와 나는 그의 맞은편에 앉아 있다. 나는 1차 투표날이 흥분되느냐고 아니면 걱정스럽냐고 그에게 물었다.

"생각했던 것보다는 덜합니다. 다행히 심각한 사건이 별로 없었어요. 나는 해야 할 모든 일을 다 했습니다. 모든 것을 철저하게 해냈어요."

나는 내 마음을 감동시키는 것이 바로 그 부분임을 깨달았다. 그는 자신이 할 수 있는 모든 일을 한다. 철저하게.

그는 하늘의 도움을 믿지 않는다.

그가 나에게 말했다.

"시라크가 내게 전화를 걸어와 이렇게 말했습니다. '나는 매우 낙관적으로 보고 있소. 나흘 전만 해도 당신에게 이렇게 말하지 않았을 거요.' 그래요, 나는 매우 낙관적으로 보고 있습니다. 나흘 전이라면 이렇게 말하지 않았을 거예요."

그가 테이블에 놓인 엘로디의 카메라를 집어들었다. 크고 무거운

캐논 카메라였다.

"이걸 통해 사람들을 보면 어떤 기분이 들지?"

그가 카메라의 접안렌즈에 눈을 대고 엘로디를 향했다. 내가 지난 몇 달 동안 보아온 것과 정반대의 광경이었다.

그가 구도를 잡고 사진을 찍었다.

정상적인 흐름을 거부하는, 상황을 거꾸로 만드는 놀라운 광경이었다. 난처해하는 엘로디의 모습이 사랑스러웠다.

"나는 다른 사람들의 말을 잘 경청하지 않습니다. 그래서인지 친절한 사람이라는 평가를 못 받아요. 하지만 미소를 지어야 한다고, 대중에게 좋은 인상을 줘야 한다고 말하는 사람들은 필요 없습니다. 내가 그런 것을 얼마나 우습게 여기는지 당신이 안다면 좋으련만. 나는 사람들이 나에게 그런 시시한 조언을 하는 것이 싫습니다. 싫다는 표현으로는 약할 정도예요. 그들은 아무 생각 없이 신문에서 읽은 대로만 말합니다. 그런 식으로 일주일 만에 사람의 자신감을 완전히 꺾어버리지요."

4월 22일 일요일, 앙지앵 거리 18번지.

17시경 로랑의 사무실 안.

니콜라가 조사 담당자와 전화 통화를 하고 있다.

"나와 세골렌의 차이가 아주 근소하다고? 자네 지금 무슨 말을 하는 건가?"

그가 거칠게 전화를 끊어버렸다.

"이런 비열한 사람 같으니! 이런 사람에게 일 년 동안이나 조사를 담당하게 하다니 바보스럽기 짝이 없는 일이군. 지금은 아주 중요한 때야, 모두 정신 바짝 차려야 해! 지금 그녀는 지지율이 떨어지고 있다고!"

"국회의원들이 너도 나도 전화를 걸어와 르페브르(Frédéric Lefebvre, 1963~, 프랑스의 정치인. 니콜라 사르코지의 측근 중 한 명―옮긴이)가 질려버렸다네요!"

"우리는 샤를 페로의 동화 『푸른 수염』에 나오는 '안' 과도 같습니다(안은 '푸른 수염' 의 아내의 언니 이름. 그녀는 '푸른 수염' 이 예전 아내들을 모두 죽였다는 사실을 알아내 여동생이 위험에 처하자 남자형제들이 도와주러 올 때까지 시간을 버는 역할을 했다. 불행한 사건이 다가오기 전 시간을 끄는 인물을 비유적으로 일컫는다―옮긴이). 우리는 무슨 일이 일어날지 알지 못하지요. 우리는 쓰나미를 기다리는지도 모릅니다. 하지만 우리는 아직 살아 있어요."

사뮈엘이 나에게 말했다.

"당신은 이겼어요. 어떤 결과가 나오느냐에 상관없이 말입니다. 설령 우리가 2차 투표에 진출하지 못한다 해도 당신은 승리자일 겁니다. 그렇게 되면 진짜 비극이겠지만요."

'이겼다'라는 단어가 기묘하게 느껴졌다.

책이라는 것은 본질적으로 신랄하고 화려하지 못하다. 비극은 특히 그렇다.

4월 22일 1차 투표일 17시 30분경. 그가 도착하고 얼마 지나지 않은 시각이다. 나는 회의실 안으로 들어갔다. 그는 매우 긴장하고 있었고, 팀원 한 명에게 즉시 문을 닫으라고 시켰다.

나는 감히 물었다.

"나도 함께 있어도 될까요?"

"안 될 것 같은데요, 야스미나!"

하지만 결국 그는 함께 있으라고 했다. 나는 수첩을 손에 들고 벽에 바싹 붙어 있었다. 테이블 앞에는 스무 명 가량의 정치인이 앉아 있었다(알랭 쥐페만 불참했다). 모두 조용하다.

니콜라가 말했다.

"아무것도 확신할 수 없는 지금, 입소스는 여론조사를 모두 끝냈습니다…… 문을 닫으세요! 이제 프랑스 국민들은 망설일 시간이 없습니다! 이제 다 끝난 거나 다름없어요! …… 자코메티(Pierre Giacometti, 프랑스의 여론조사 회사 입소스의 사장—옮긴이)가 나에게 말하기를 확실한 것은 아무것도 없다고 했습니다. 내가 1위를 할 것 같다는 사실만 빼고요. 잘된 일이지요. 하지만 모든 것이 뒤바뀔 수도 있습니다. (그때 누군가의 휴대폰이 울렸다.) ……모두 휴대폰을 꺼주세요. 방해가 되니까요…… 자코메티가 나에게 한 말은 정확히 다음과 같습니다. '우리는 1위와 2위에 대해 확신합니다.' 바로 나와 그녀지요. 만약 르 펭이 적게 득표한다면 우리의 전략은 성공한 것입니다. 우리가 25% 이상을 차지한다면 잘한 것이고, 27% 이상을 차지한다면 아주 잘한 것입니다. 28% 이상을 차지한다면 탁월한 결과고요 (니콜라 사르코지는 1차 투표에서 30.57%를 얻었다. 투표율은 84.6%였다—옮긴이)…… (그의 휴대폰이 진동 모드로 울렸다.) 투표율 85%는 반드시 달성되어야 합니다! 사람들이 형편없는 선거운동이라고 우리를 비방한 것을 생각하면 말입니다! 여러분은 이번 선거 분위기가 과거에 비해 많이 활성화되었다고, 그리고 그것이 내 덕분이라고 자랑스럽게 말할 수 있을 것입니다."

17시 50분. 그가 휴대폰을 집어들고 누군가와 작은 소리로 통화를 하면서 회의실을 나갔다가 몇 분 후 다시 돌아왔다.

"이어서 말씀드리겠습니다. 자코메티는 허풍 떠는 사람이 아닙니다. 십중팔구 우리는 30% 근처에 도달해 있습니다. 이것은 역사적인 사건입니다."

갑자기 그가 얼굴에 환한 빛을 내며 말했다.

새벽 저녁 혹은 밤

"우리가 85% 투표율에 30% 득표를 달성한다면 대단한 성과일 것입니다!"

그는 얼굴에 미소를 띤 채 그 자리에 앉아 있는 사람들의 얼굴을 일일이 쳐다보며 말을 이었다.

"그것은 우리가 오랫동안 기다려온 기쁨을 우리에게 안겨줄 것입니다. 좋은 결과가 나와 안도하는 그 순간 우리는 무척 행복할 것입니다. 투표 결과를 기다리는 동안 내가 작성한 선언문을 읽어드리겠습니다."

그러는 사이 나는 그 동안 내가 한 메모들을 다시 읽어보았다. 메모 속에는 그, 그의 목소리, 그의 표현들뿐이었다. 그 한 사람뿐이었다. 사람들은 그만 불렀다. 숫자들을 전달받고, 다른 숫자들을 알려주고, 분석하고, 가르치고, 다른 데로 주의를 돌리는 것도 그였다. 내 수첩에는 수수께끼 같은 메모들이 휘갈겨져 있었다. "클로드 귀에앙(Claude Guéant, 1945~, 프랑스의 정치인. 니콜라 사르코지가 대통령에 당선된 이후 엘리제 궁의 사무국장이 되었다—옮긴이) 외에는 협력자가 없다." "니콜라와 사물 사이에는 필터가 존재하지 않는다. 시간은 그에게 속하고 하루도 그에게 속한다."

그가 타원형 테이블에 앉아 정치인들 앞에서 자신의 미래의 선언문을 읽었다. 그는 어조에 강세와 활력을 실었고, 설득력 있는 어투로 말했다. 사람들이 그에게 박수를 보냈다. 그는 그 선언문이 앙리 귀에노와 함께 보낸 밤의 결과라고 이야기했다.

"결국 나는 귀에노와 함께 아이 한 명을 탄생시킬 겁니다. 나는 그를 매우 좋아해요. 하지만 그와 함께 밤을 보내는 것은 견디기 힘든 일입니다. 할 수만 있다면 그 시간에 다른 일을 하고 싶어요…… 그렇습니다, 하지만 나는 그에게 빚진 것이 많아요. 그와 얼굴을 마주하면 한쪽 눈에 눈물이 고이지요."

18시 45분. 전화 통화를 하기 위해 회의실 밖으로 나갔던 그가 다시 돌아왔다.

"여러분, 지금 내가 말씀드리는 내용은 여론조사 결과가 아니라 선거관리위원회의 추정치입니다. 우리가 31%, 세골렌이 25~26%, 베루가 17%, 르 팽이 11%입니다(실제 1차 투표 득표율은 사르코지가 30.57%, 세골렌이 25.69%, 베루가 18.58%, 르 팽이 10.67%였다—옮긴이). 르 팽이 11%인 것은 매우 고무적입니다."

그가 시몬 베유(Simone Veil, 1927~, 프랑스의 정치인. 아우슈비츠 생존자이며 여성으로서는 최초로 유럽 의회 회장을 역임했다—옮긴이)에게 몸을 기울이더니 그녀를 포옹했다.

"이분은 제 행운의 부적입니다. 쉬운 일은 아니었지만…… 시몬이 유권자들에게 르 팽에 대해 이야기할 필요가 있었습니다. 만약 나더러 이야기하라고 했다면 나는 그 난폭한 사람을 버려주면 고맙겠다고 말했을 겁니다. 자, 이 추정치만으로는 충분치 않습니다!…… 여러분, 집중합시다. 우리는 마지막 순간까지 이 추정치를 유지할 겁니다! 나에게 이것은 지난 오 년 동안의 노력의 결과입니다. 십이 년 동안의 결과라고도 할 수 있겠죠…… CSA(Conseil supérieur de l'audiovisuel, 프랑스의 라디오 및 텔레비전 감사기관—옮긴이)에서도 31%를 예측했다네요! CSA 사람들은 정직하군요! 24시간 동안 5% 포인트 더 올려봅시다! 자, 이제 나는 여러분과 헤어져 내 가족을 만나러 가겠습니다!'

그가 방을 떠났다.

4월 23일 월요일. 매우 화창한 날이다.

니콜라는 아직 도착하지 않았다. 막다른 골목에 있는 '여성의 마음 협회' 건물 앞에서는 그 협회의 창립자가 회원들을 맞아들이고 회원 중 몇몇에게 시몬 베유를 소개하고 있다.

회원 한 명이 말했다.

"당신도 사르코지 씨의 친구인가요?"

시간이 꽤 흐른 뒤.

"부인, 만약 우리가 콩고 사람들을 전부 받아들인다면 콩고는 더 이상 존재하지 않을 겁니다. 물론 나는 모든 사람을 받아들이고 싶습니다. 하지만 그런 식으로 아프리카 사람을 모두 받아들이면 아프리카에는 누가 살겠습니까?"

그 여자가 대답했다.

"프랑스 사람들요."

"앙리코(Enrico Macias, 1938~, 알제리 태생의 프랑스 가수. 〈내 어린 시절의 프랑스〉 〈녹슨 총〉 등 많은 히트곡이 있다―옮긴이), 당신 지금 기타 가지고 있나요?"

"비행기 안에 두고 왔습니다. 기타를 가지고 내리라는 말을 듣지 못했어요."

"당신은 내가 알제리에 관해 뭐라고 말할지 곧 알게 될 겁니다! 나도 알제리에서 태어났더라면 좋았을 거예요. 당신은 북아프리카인 알제리에서 태어났고, 프랑스를 동경했지요. 하지만 만약 파리에서 태어났다면 아무것도 동경하지 못했을 겁니다!"

디종. 앙리코 마샤스가 연단에서 〈사르코, 당신은 나를 당신 품에 안아주었어요〉를 불렀다. 숙소에서 모니터를 통해 그 모습을 바라보던 니콜라가 방금 받은 연설문을 팽개쳐두고 두 손을 두드리기 시작한다. 잠시 후, 갑자기 그가 일어나서 나에게 춤을 추자고 청했다.

우리는 즐겁게 춤을 추었고, 엘로디가 그 모습을 사진으로 찍었다.

니콜라가 입장하기 전 연설을 한 사람은 경제 문제에 대한 책임을 맡은 전前 사회당 사무처장 에릭 베송이었다. 그는 세골렌 루아얄의 진영에서 선거운동을 시작했지만 니콜라 사르코지를 지지하게 되었다. 나는 에릭 베송이 자신의 의견을 말하는 모습을 모니터를 통해 지켜보았다.

"그리하여 그가 두려움을 유발하기를 바라면서 그를 공격하고, 그를 악마화하고, 그를 희화해야 했던 것입니다……"

나는 정말 맞는 이야기라고 말했다. 니콜라는 그곳을 떠나면서 내 말에 응수했다.

"야스미나, 당신은 다른 사람에게 감탄하려고 여기에 와 있는 것이 아니에요."

로랑 : 공식 선거운동 마지막 날인 5월 4일에 우리가 무엇을 하면 좋을까요? 좋은 이미지란 무엇일까요? 야스미나, 당신은 알고 있습니까?

야스미나 : 팔레 루아얄에서 위대한 문인과 함께 한잔 하는 거죠.

피에르 : 또 시작이군요!

로랑 : 예전에 우리에게는 '스키 타는 마르탱'이 있었어요. 하지만 지금은 '정치하는 야스미나'가 있지요!

앙지앵 거리. 사람들이 니콜라 앞에 반원을 그리며 서 있다. 그들은 화려한 넥타이를 맸고 표정이 퍽 심각하다(몇몇 여자들의 경우). 나는 3층 난간에 몸을 기댄 채 그가 국회위원들을 열광시키는 모습을 관찰했다.

"나는 대중운동연합이 나에게 박수를 보내는 기계가 되기를 원치 않습니다. 나는 그런 것을 바라지 않습니다. 정당이란 자유로워야 합니다. 자유롭게 자신의 의견을 개진할 수 있어야 합니다. 그렇지 않으면 대통령은 폐쇄적이 될 것이고 그것은 곧 죽음을 의미합니다…… 나는 정치 투쟁을 이끌지 않을 겁니다. 나는 이데올로기 투쟁을 이끌 것입니다. 우리는 가치관에 중점을 두고 선거운동을 합니다. 승리하려면 위험을 무릅써야 합니다. 나는 우리가 모든 것을 빼앗았다고 생각합니다. 하지만 동시에 아무것도 빼앗지 못했다고 생각합니다. 이런 전략은 승리를 허락하는 유일한 전략입니다. 또한 여러분에게 강조하건대, 행복을 허락하는 유일한 전략이기도 합니다."

오후에 나는 니콜라에게 아까 국회의원들에게 한 말에 깊은 인상을 받았다고 말했다. 그러자 그는 놀란 표정을 했다. 심지어 그는 그런 일에 대해 내가 그를 칭찬할 이유가 없다고 생각하는 듯했다. 내 생각에 그는 오히려 마이크와 카메라가 없는 곳에서 자신의 진가를 거리낌 없이 보여주는 것 같다.

루앙. 그가 잔 다르크에 관한 십오 분짜리 연설을 했다(나에게는 마치 세 시간처럼 느껴졌다).

"나는 잔에 대해 말하고 싶습니다. 잔은 고귀한 가치를 추구했습니다. 잔은 프랑스의 화신化身이었고, 화염 한가운데에서 예수의 이름을 외친 순교자였습니다. 성녀聖女였으며 민중의 총아였습니다."

이런 연설이 니콜라 사르코지에게 무슨 도움이 된단 말인가?······(오, 앙리! 앙리!!······)

나탕이 한 말.

"니콜라는 때때로 연설을 하면서 프랑스에 대해 광적인 발작을 일으키는 것 같아. 그러면 사람들은 역사책 속에서 프랑스가 아프리카에 도착하는 광경을 떠올리지. 망토를 입고 파닥거리는 여자 한 명과 자비를 원하며 팔을 내미는 흑인들의 이미지로 말이야."

그가 유력한 차기 대통령 후보로서 TF1과 프랑스2에 출연했다. 침착하고 심각한 그리고 조금 고통스러운 듯한 새로운 표정으로.

"······친척이 시시각각 죽음이 다가오는 가운데 침대에 누워 고통스러워하는 모습을 보는 기분입니다."

아를레트 샤보의 방송에서 그가 한 발언 중 일부다.

클레르몽페랑.

니콜라가 발레리 지스카르 데스탱(Valéry Giscard d'Estaing, 1926~, 프랑

스의 정치인. 전 대통령. 드골 대통령과 퐁피두 대통령 정권에서 재무장관을 지냈으며 퐁피두 사망 후 '점진적 개혁'을 선거공약으로 내걸고 대통령 선거에 출마하여 미테랑에게 승리했다—옮긴이)에게 물었다.

"야스미나 레자를 아십니까?"

데스탱의 눈 속에 망설이는 빛이 어린다. 그가 묻는다.

"예술가입니까?"

나는 그렇다고 시인한다.

"오, '예술'은 멋진 것이지요! 물론 당신은 니콜라를 진작에 만나 봤겠죠?"

니콜라는 친절하게도 나를 칭찬하고 내 이력까지 설명했다.

"아! 그러니까 당신은 쓰는군요……"

내가 말했다.

"네, 책을 씁니다. 대통령님."

"그래요, 책…… 단행본입니까?"

회의가 끝난 후, 나는 니콜라가 숙소에서 발레리 지스카르 데스탱과 함께 붉은 양탄자 위에 앉아 다른 명사들과 이야기하는 것을 들었다. 아첨하는 말, 축하의 말, 오래된 추억들이 그들의 입에서 흘러나왔다.

니콜라는 이런 말도 했다.

"'자본주의를 교화해야 한다.' 그러자 사람들이 나에게 말했습니다. 어떻게 그런 극좌파적인 발언을 할 수 있느냐고요. 그래서 나는 대답했지요. 나에게 이 말을 처음 해준 사람은 VGE(발레리 지스카르 데스탱을 일컫는 애칭—옮긴이)라고."

벗어둔 재킷을 찾기 위해 사람들 사이를 헤치고 지나가면서 갑자기 이번이 마지막이라는 생각이 들었다. 일주일 후면 뷔페 테이블도, 초콜릿도, 프티푸르(한 입에 들어가는 작은 과자—옮긴이)도, 내가 사용법을 잘 모르는 커피머신도, 출장지의 숙소들도, 잘 조절되지 않는 모니터도, 인조 가죽으로 만든 안락의자도, 분장용 테이블도, 마리나의 여행가방도, 양복과 셔츠를 거는 스탠드도, 기쁨에 겨워 니콜라 옆에서 사진을 찍으려 하는 사람들도, 지방색이 돋보이는 넥타이와 술 장식 달린 구두도, 예쁘게 꾸민 여자들도, 내가 포옹한 사람들도, 금지된 문들을 넘어가도록 내게 허락해준 사람들도, 그만 떠나자고 외치는 사람들도 더 이상 존재하지 않을 터였다. 그러므로 나는 서둘러야 했다. 일주일 후면 이 모든 것이 더 이상 존재하지 않을 테니까.

니콜라가 한 측근에 대해 이야기했다. 그는 이렇게 말했다.

"그 친구는 연약해요. 그 친구는 굳건하질 못해요. 하지만 우리는 굳건하면서 연약할 수 있습니다. 연약함은 굳건함을 견딜 수 있는 것으로 만들어주지요."

나는 그가 말한 마지막 문장을 그 자신을 향한 것으로 이해했다.

생 솔브, 석유산업에 쓰이는 용접하지 않은 주철관을 생산하는 발루레크 공장. 나는 주철이 내는 요란한 소리, 한탄하는 듯한 음조로 으르렁거리는 소리, 기계들이 내는 소음, 풀무 소리, 종소리, 뭔가가 세게 부딪쳐서 나는 몹시 날카로운 소리, 컨테이너와 콘크리트 더미에서 나는 소리들을 꾹 참고 들어야 했다. 우리는 노란색·파란색·빨간색으로 칠한 난간, 오래되어 거무스름해진 난간, 몹시 뜨거운 구름다리 위를 하얀 안전모를 쓰고 나아갔다. 이 책을 써야 하지 않았다면 이렇게 높은 곳에 올라올 일은 없었을 것이다. 빨갛게 작열하는 막대기들이 검은 레일 위를 달리고 금속으로 만든 경사진 판 위를 굴러갔다. 불꽃들, 뜨거운 김이 피어오르는 물길들. 공장 안의 풍경은 웅장함 그 자체였다.

르 부르제. 니콜라와 장 루이 보를루가 철책 근처에서 웃으며 서로 팔을 붙잡고 있다. 보를루는 셔츠 차림에 상의를 벗어서 어깨에 걸치고 있고, 니콜라는 상의를 갖춰 입고 있다. 햇빛이 강하게 내리쬐는 가운데, 대기하고 있는 자동차들 앞에서 서로 포옹을 하기도 하고, 음모를 꾸미기도 하고, 친근하게 귀에 대고 뭔가를 속삭이기도 한다. 니콜라는 보를루에게 자신이 받은 어떤 문자 메시지를 보여주었다. 보를루는 낮은 목소리로 그 메시지를 읽었고, 그들은 서로 뺨을 두드리면서 허리가 끊어져라 웃어댔다.

보를루가 말했다.

"이 사람들 정신연령이 열세 살 반이군. 친구, 자네는 공화국의 대통령이 되기 위해 만들어진 사람이야. 나는 영국 여왕이 되기 위해 만들어졌고!"

베르시의 그의 숙소. 그가 가수 포델(Faudel Belloua, 1978~, 프랑스의 가수 겸 배우―옮긴이) 옆에 서서 텔레비전을 보고 있다. 그는 기뻐하고 놀라워하며 화면 속에 등장하는 명사들의 이름을 인용했다.

"알랭 프로스트(Alain Prost, 1955~, 프랑스의 유명한 카레이서. F1 그랑프리에서 세 번이나 우승했다―옮긴이)!…… 앙리! 앙리 살바도르(Henri Salvador, 1917~, 프랑스의 유명한 재즈 음악가―옮긴이)!……샬럿 램플링(Charlotte Rampling, 1946~, 영국의 영화배우. 〈앤젤 하트〉〈스위밍 풀〉〈원초적 본능 2〉 등의 영화에 출연했다―옮긴이)! 그리고 그 키 작은 금발 여자 누구지?…… 비가르(Jean-Marie Bigard, 1954~, 프랑스의 영화감독·배우. 〈아를레트〉〈로트레크〉〈레이디스 앤드 젠틀맨〉 등의 영화에 출연했다―옮긴이)!…… 보세요, 봐요, 저 사람들을! 크리스티앙과 장 르노(Jean Reno, 1948~, 프랑스의 영화배우. 〈그랑블루〉〈니키타〉〈미션 임파서블〉〈다빈치 코드〉 등의 영화에 출연했다. 2006년 그의 세 번째 결혼식 때 사르코지가 증인을 서주었다고 한다―옮긴이)! 바질!…… 마리나, 당신 정말 오늘은 여기서 나를 분장해줄 거예요?…… (초콜릿을 조금씩 갉아먹으면서) 봐요, 우리는 더 많은 사람들이 참석할 수 있도록 아래층의 좌석을 없애버렸어요!……

오, 저 사람! 오, 그 사람이군! 오, 그 여자도 왔어!…… 이런, 캉델로로(Philippe Candeloro, 1972~, 프랑스의 유명한 피겨 스케이트 선수―옮긴이)도!…… 앙드레 글룩스만도!!…… 그리고 파뤼지아(Dominique Farrugia, 1962~, 프랑스의 유명한 코미디언―옮긴이)도! 당신도 봤겠지만 우리 측에는 좌파 인사도 있어요!'

조니가 도착했다. 그러자 그가 말했다.

"너 내 숙소를 덮쳤구나!"

그가 기뻐서 펄쩍펄쩍 뛰었다. 사실은 오히려 그가 조니의 숙소를 덮친 장난꾸러기 소년 같았다.

이십 분 뒤, 분장을 하고 머리를 매만지고, 옷을 잘 차려입은 그가 명사들에게 둘러싸여, 그 명사들을 돋보이게 하느라 초조해하며, 무대 위에 올라갔다.

니콜라의 아버지 피에르 사르코지가 숙소 안으로 들어왔다. 니콜라는 약간 떨어진 곳에 서서 안내자가 자기 아버지를 놓아주기를 기다렸다. 아버지가 안내자의 손길에서 놓여나자, 니콜라는 가까이 다가가 아버지를 조심스럽게 끌어안고 입을 맞추며 낮은 목소리로 말했다.

"브라보, 파파."

소리 높여 이야기하는 사람들 속에서, 많은 찬사와 감격 어린 흥분의 도가니에서, 사람들은 니콜라의 장남과 차남(니콜라 사르코지가 첫 번째 아내와의 사이에 낳은 아들들이다—옮긴이)의 섬세함과 신중함, 다정함에 매료되었다.

    4월 30일자 《리베라시옹》에 '세골렌 루아얄 지지, 니콜라 사르코지 반대' 라는 제목의 시평時評이 실렸다. 부제는 다음과 같았다. '대통령 선거 2차 투표 전 좌파 지식인들의 호소.'
    나는 그 시평을 별 생각 없이 넘겨버렸다. 내가 흥미로워하는 주제가 아니었기 때문이다. 신문에는 뜻을 함께 하는 백 명쯤 되는 사람들의 이름이 적혀 있었다. 대부분 문인들이었다. 연극 연출가, 코미디언, 영화인, 음악가 혹은 그냥 '예술가' 도 있었다. 어찌하여 공상과 환상이 존재이유인 사람들이, 분별심에서 도망치는 것을 영광으로 삼는 사람들이 이런 진중함을 발휘하여 지식인의 책임을 완수하려 한단 말인가?

    나는 사진 한 장을 들여다보고 있다. 바다와 페달 보트를 배경으로 찍은 사진이다. 이 사진은 새로운 세대와의 통합을 상징할 것이다. 코르시카에서 보낸 선거운동 마지막 한 주는 성실하면서도 평온한 이미지로 남아 있다. 판자 위를, 칼라 로사의 부교 위를 걸어가면서 에릭 베송이 사회당에서도 승리를 자신하고 있냐고 내게 물었다. 나는 확실히 그런 것 같다고 대답했다(그때 우리는 니콜라에게서 멀리 떨어져 있었고 따라서 니콜라가 에릭 배송을 부를 만한 상황은 아니었다). 날씨가 쌀쌀했고 비가 내렸다. 라시다 다티, 발레리 페크레스, 나탈리 코시위스코 모리제, 미셸 알리오 마리, 브리스 오르트피, 클로드 귀에앙, 자비에 베르트랑, 프랑수아 피용, 에릭 베송이 함께 있었다. 만약 니콜라가 당선된다면 이들 중 대부분의 사람들이 장관이 될 것이다. 그들은 여름옷을 입고 있지만 편안한 척한다. 각자 마음속에 비밀을 간직한 채 바다를 바라보는 척한다. 나는 그들의 사진을 찍는 엘로디 뒤에 서 있었다. 〈아르튀르 쇼펜하우어의 썰매 속에서〉의 무대의상으로 썼던 예쁜 꽃무늬 방수복 차림이었다. 자비에가 말했다. "야스미나는 샤워커튼으로 재빨리 망토를 만들어 입었군요!"

점심 식사 동안 오간 몇 마디 대화.
미셸 : (X.에 대해 이야기하며) 그는 자기 생각에 너무 편향돼 있어요. 지나칠 정도로요. 그건 그에게 해롭죠.
니콜라 : 그래요, 미셸. 하지만 정치판 사람들은 모두 자기 자신에게 편향돼 있습니다.

니콜라 : 당신은 고물 자동차를 타고 수십 킬로미터를 달려왔어요. 그리고 마침내 당신에게 오라고 말한 녀석을 만났지요. 양같이 순한 이 사람에게 보너스라도 줘야 하지 않겠습니까?

니콜라 : 만약 내가 이기면 국민전선, 라이온스 클럽, 로터리 클럽을 없애고 싶어요.

니콜라 : (베르시에서 연설할 때 했던 말을 되풀이하면서) 쥘 페리 (Jules Ferry, 1832~1893, 프랑스의 정치인. 1880~1885년 총리직을 맡았으며 의무 교육제 실시와 식민지 제국 건설에 공헌했다―옮긴이)와 68세대 사이에서 그들은 68세대를 선택했습니다…… 그래요, 그것은 극단적인 기만이지요……

야스미나 : 당신이 그런 말을 하는 것을 들으니 기분이 좋네요……

니콜라 : (웃으면서) 그래요, 기만은 끔찍한 것이지요. 하지만 결국 거기로 가야 합니다!

햇빛이 화창한 오후. 작은 사슬을 늘어뜨린 조 페시 같은 선글라스를 끼고 셔츠 단추를 끄른 채 바다를 바라보며 니콜라가 말한다.

"들어봐요, 당신은 지금껏 당신의 정치 인생에서 심각한 위기를 겪어본 적이 한 번도 없어요……"

당신이란 날카롭고 빈정거리는 세골렌 루아얄에게 호되게 당한 자비에 베르트랑이다. "사르코지 씨, 당신은 35시간이 주당 작업시간이라고 이야기했어요. 하지만 사실은 38시간이에요……" 니콜라가 뒤에 있는 나무둥치 쪽으로 머리를 젖히고 마실 것이 좀 있느냐고 묻고는 상냥하고도 정확하게 어조로 이야기를 이어나갔다. 에릭 베송은 고집으로는 제2의 루아얄이다. 그는 루아얄을 배신한 것 때문에 모욕적인 문자 메시지들을 받았다. 《르 몽드》는 니콜라와 함께 토론을 준비하기 위해 코르시카에 있는 그의 모습을 박스기사로 대서특필했던 것이다. 니콜라는 자신의 반대자들에게 이렇게 대답했다. "그날 햇빛이 어찌나 기분 좋던지요!" 그런 일들은 니콜라의 흥미를 끌어당기기도 하고 싫증나게도 한다. 그는 감정이 곧잘 바뀐다. 그는 실행 가능한 계획과 자기 자신에 대한 부인否認 사이에서 서성인다. 나는 정반대되는 특성인 무기력에서 압박으로 이행하는 그의 모습을 자주 목격했다.

피용이 교육 관련 공무원들을 해고하는 안에 관해 그를 공격했다. 그러자 그는 즉시 화를 냈다. 베르트랑이 의료 문제에 관해 한술 더 떴다.

"적은 돈을 들여서 양질의 의료 서비스를 받을 수 있다고 프랑스 국민들을 설득할 수 있다면 그렇게 하세요. 의료 문제를 해결하기 위해서는 돈이 필요합니다. 하지만 그 돈을 어디서 구할 겁니까? 나는 바로 그 문제에 대해 이야기하는 겁니다. 당신은 납득하지 못한 것 같군요. 나는 사회보장 제도를 위해 새로운 수입을 창출할 겁니다. 그러나 당신은 만족하지 못할 겁니다. 결코 만족하지 못할 거예요, 이봐요! 내게 말해보세요. 그 돈을 어디서 구할 겁니까? 내 측근들 중에 귀가 먼 사람이 하나 있습니다. 그 사람의 이름은 자크예요. 우리는 그가 보청기를 구입하도록 그에게 돈을 마련해줘야 할 겁니다……"

5월 1일.

"우중충한 작전 센터에서 뭘 하며 시간을 보내지? 당신들 일기예보 들었어요? 누가 이런 우둔한 생각을 해낸 거야?…… 난 브르타뉴 사람들에겐 신경 안 써요. 얼간이 열 명과 함께 지도나 바라보라고! 작전 센터까지 가려면 삼십 분이 걸리고, 거기서 알츠하이머 센터까지 또 삼십 분이 걸린다고! 선거운동 마지막 며칠 동안 방 안에서 지도나 들여다보라니, 정말이지 대단한 정치 감각이군!……"

피니스테르 도道의 커다란 벽걸이용 지도. 헬리콥터, 영국인들, 자원봉사자들, 귀에르네시…… 그의 얼굴이 딱딱해졌다. 유리창 밖에는 이루아즈의 바다가 펼쳐져 있고, 비가 내리고 있다. 하늘은 무겁게 내려앉았다. 자갈투성이의 오솔길 위에서, 바위들과 드문드문 나 있는 풀 사이에서 여덟 명의 사람이 플래카드를 들고 작은 시위를 벌이고 있고, 그들과 비슷한 수의 헌병들이 그들을 둘러싸고 있다. 그들이 든 플래카드에는 이렇게 적혀 있었다. '세고 지지, 사르코 반대.'

부르 블랑, 알츠하이머 전문 요양센터.

입구에 면한 복도의 벽에 환자들이 '외출' 했을 때 찍은 사진들이 붙어 있다. '플루귀에르노의 고에모니에 미술관 방문 그리고 코르주

항구에서 간단한 간식.' 체크무늬 바지에 커다란 단추가 달린 니트 상의를 입은 환자들이 햇빛이 내리쪼이고 바람이 조금 불어오는 가운데 무릎을 구부리고 포즈를 취하고 있다.

"우리는 지금 정원으로 가고 있습니다. 치료에도 유용하게 사용되는 정원이지요."

나무로 된 엷은 색깔의 벤치에 환자 다섯 명이 앉아 있다. 네 명은 여자이고 한 명은 남자다.

니콜라 : 이곳에 있으신 지 얼마나 되셨습니까?

한 여자 환자 : 이 벤치에 앉은 지 얼마나 되었냐고요?

니콜라 : 아니요, 이 기관에 오신 지 얼마나 되셨냐고요!

니콜라가 그곳을 뜨자 그 환자들은 자리에서 일어나 웃으면서 자갈이 깔린 오솔길 쪽으로 가버린다. 딱 한 명인 남자 환자는 완전히 굽은 몸으로 걷고 있다.

정원이 텅 비어버렸다.

엘로디와 나는 버려진 벤치에 앉았다. 우리는 니콜라의 최측근 경호원인 프레데릭 델라 발이 준 작은 은방울꽃 다발을 각자 한 손에 들고 있다. 우리는 우리도 언젠가 여기에 오게 될 거라고 이야기했다. 앞에 보이는 화단에서는 로도덴드론(진달래속屬의 꽃—옮긴이)이 자라나고 있었다.

엘로디가 말했다.

"정말 우울하네요. 허리가 굽은 남자 환자가 지나가고, 우리는 이

곳에 남는 방이 몇 개 있을지 하는 이야기나 하고 있으니 말이에요."
우리는 바보처럼 웃었다. 그날은 내 생일이었다.

요양센터 안으로 돌아가니, 한쪽 벽에 선화線畵로 말馬 그리고 바다를 앞에 둔 십자가와 고인돌이 그려져 있었다. 검은 선 위주로 그려진 그림이었고 색채가 거칠었다. 안에서 커다란 목소리가 들려왔고, 우리는 그 목소리를 따라갔다. 사람들이 니콜라를 헹가래치려 하고 있었다. 그 사람들은 아마도 며칠 뒤에 커다란 환호를 보내게 될 것이다. 그는 아침 식사 테이블에서 이 연약한 사람들에게 무슨 말을 할 수 있을까? 마지막 아침 식사가 될지도 모르는 그 테이블 앞에서? 니콜라는 그들에게 아무 말도 하지 않았다. 그는 그들을 겨우 보기만 했을 뿐 말은 다른 사람들에게 했다. 카메라 뒤 멀리 있는 사람들에게. 부르 블랑의 이 요양센터는 무대배경이고, 여기에 사는 사람들은 조역들이다. 나는 수첩 속에 그렇게 적었다.

엘로디가 되풀이해 말했다.

"정말 우울하네요."

나는 다음과 같은 문학사의 기막힌 장면 하나를 생각한다. 토마스 베른하르트(Thomas Bernhard, 1931~1989, 오스트리아의 문인—옮긴이)가 화자이고, 폴 비트겐슈타인(Paul Wittgenstein, 1887~1961, 오스트리아의 피아니스트—옮긴이)은 그의 친구다. 그들은 폐병 환자들을 위한 헤르만 별장과 슈타인호프의 광인들을 위한 루드비히 별장 사이에서 만나 어느 벤치에 앉아 있다. 각자 위의 두 기관의 제복을 입고 있다. "우리는 어느 벤치에 앉아 있다. 우리 중 한 명은 아직 폐병 환자 구역에

속해 있다. '우스꽝스러운 일이야! 정말 우스꽝스러운 일이야!' 그가 말했다. 그는 울기 시작했고 좀처럼 울음을 멈추지 못했다."

브르타뉴에서 돌아오면서 니콜라가 말했다.

"나는 내 과거가 낯설게 느껴져요. 내 흥미를 끄는 유일한 것은 오늘 오후, 그리고 내일입니다."

나는 그에게 물었다. 왜 '지금 당장'에는 흥미가 안 당기냐고. 나는 말했다. 당신의 흥미를 끄는 것은 절대 현재가 아니라고. 당신은 끊임없는 변전 속에 살고 있다고. 그러자 그는 곰곰이 생각에 잠겼다. 그리고 내 말을 인정했다.

내가 말했다.

"당신은 돌아오지 않을 순간들을 희생시키고, 당신이 결코 알지 못할 나날들을 불사르고 있어요."

그가 대답했다.

"맞아요."

앙지앵 거리에 있는 니콜라의 사무실 안. 니콜라가 입소스의 사장인 피에르 자코메티를 마주 보고 앉아 있다. 클로드 귀에앙도 말없이 함께 앉아 있다. 피에르 자코메티가 그에게 마지막 여론조사 결과가 53%라고 알려주었고(2차 투표의 실제 득표율은 니콜라 사르코지 53.06%, 세골렌 루아얄 46.94%였다—옮긴이), 그에게 유리한 프랑수아 베루의 행보에 대해서도 이야기했다.

니콜라 : 그래서, 우리의 승리를 확신합니까?

피에르 : 그렇습니다.

니콜라 : 우리가 더 많은 득표율도 올릴 수 있을까요?

피에르 : 그것에 대해서는 토론을 할 필요가 있겠지요.

침묵.

니콜라 : 사람들이 나를 엄청 내리치고 있어요.

피에르 : 그건 좋은 일이죠.

침묵.

니콜라 : 나는 싸움은 거부할 거요. 저쪽 사람들은 이 토론을 두고 잔뜩 흥분해 있어요. 우스꽝스러운 일이지. 냉정을 유지하는 사람은 아무도 없다니까.

침묵.

피에르 : 당신이 그쪽을 덜 자극할수록 우리에게 유리합니다. 상대의 말을 경청하고, 존중하고, 평정을 유지하세요.

니콜라는 피에르가 건네준 서류를 읽으며 조용히 동의했다. 그는 셔츠 차림으로 낮은 테이블 위에 두 다리를 올린 채 몸을 쭉 펴고 있다. 테이블 위에는 은방울꽃이 놓여 있다.

피에르 자코메티는 니콜라가 조언을 좋아하지 않는 사람임을 잘 알고 있다. 하지만 그는 전문가로서 자신의 관점을 개진할 뿐이고 중요한 본질들을 이야기할 뿐이다.

피에르 : 결국 중요한 것은 당신이 좌파를 존중한다는 것을 보여주는 것입니다.

니콜라 : 그렇지요.

피에르 : 프랑스 국민들은 좌파가 현실 속에 존재하지 않는다고 생각합니다. 반면 당신은 구체성을 갖고 있고요. "우리에게 말하세요. 우리에게 정확히 설명하세요." 이런 식으로 말씀하세요. 우리라는 말을 자주 사용하세요.

니콜라 : 좋습니다. (잠시 후) 그렇군요.

피에르 : 네, 그렇습니다.

침묵.

니콜라 : 베루는 어떻습니까?

피에르 : 그가 목요일이나 금요일에 연설을 할 가능성이 있습니다.

니콜라 : 그는 우리에겐 불알 두 쪽밖에 없다고 말하겠지. 하지만 난 신경 안 써요. 롤랑 가로스 테니스 대회(1928년부터 매년 프랑스에서 열리는 국제 테니스 대회—옮긴이) 결승전에서 3위에게는 아무도 신경쓰지 않는다고 내가 말하길 잘했어요. 그는 과격한 적색분자입니다. 하지만 우리에겐 유익한 일이죠.

긴 침묵.

니콜라 : 좋아요, 나는 내가 해야 할 일을 압니다. 이제는 하기만 하면 돼요.

다음날 저녁, 토론회에서 세골렌 루아얄과 마주한 그는 자신이 해야 할 일을 했다.

마지막 유세지인 글리에르의 고원지대를 향해 떠나면서 나는 앙리에 대해 안타까운 마음이 들었다. 수많은 참고문헌을 뒤져가며 최근에 니콜라가 한 연설들을 준비했던 그의 열정에 대해. 그는 자신이 듣는 비판을 오히려 칭찬으로 여기고 반가워했다.

니콜라는 전날 몽펠리에서 이렇게 말했다.

"나는 수도사들이 가깝게 느껴졌습니다……"

내가 니콜라에게 물었다.

"수도사들과 가깝게 느껴졌다고요?"

"그래요, 그렇습니다. 수도사들과 매우 가깝게 느껴졌어요!……"

"'성당들의 그 긴 맨틀피스'…… 이 말을 생각해낸 건 당신인가요 아니면 앙리인가요?"

"나예요. 내가 그 말을 덧붙였습니다."

나는 우리와 동행하고 있는 그의 누이동생에게 그가 수도사들과 성당에 대해 늘 가깝게 느꼈냐고 물었다. 그러자 그녀는 말없이 눈을 들어 하늘을 바라보았다.

니콜라가 말했다.

"여자들은 엄격하죠."

니콜라가 주변에 널려 있는 신문들을 뒤적였다. 모든 신문이 그의 승리를 예측하고 있었다.

"나는 파리에 있는 궁전에, 랑부이에 성에, 브레강송의 요새에 다시 가 있게 겁니다. 그런 것이 인생이지요."

그와 루아얄의 대결에 관해 그에게 유리한 제목을 단 《레 제코》를 던지면서 그가 말했다.
"내가 왜 이 신문들을 읽는지 모르겠습니다. 나는 신문들이 지긋지긋해요!"
그는 이미 이겼다. 신문들의 드라마투르기에 의해 만들어진, 그리고 많은 사람들에 의해 서서히 유포된 승리. 그가 필사적으로 애쓰고 기다렸던 운명.

글리에르 고원지대에서 프티 보르낭으로 가는 길은 너무나 아름다웠다. 절벽투성이의 산봉우리들이 하얗고 온화한 하늘 위로 뻗어 있었다. 전나무숲 한가운데에는 부드러운 초록빛을 띤 너도밤나무, 물푸레나무, 나무와 돌, 시냇물로 이루어진 작은 마을들이 있었다. 봄은 어김없이 싹트고 있다.
모든 것으로부터 멀리 떨어진 듯한 느낌이 들었다.

마을의 어느 식당 안. 우리는 좁은 테이블들에 등을 맞대고 앉아 사부아 지방의 퐁뒤 요리를 먹고 있다.

앙리 : 이번 선거운동 동안 당신은 끊임없이 좋아지셨어요.
니콜라 : 자네도 나만큼이나 좋아졌길 바라네!

구경꾼들을 즐겁게 해주기 위한 연극적인 대화가 오고갔다. 하지만 구경꾼들은 그의 신랄한 진실(한쪽에는 열광적인 언동, 또 다른 한쪽에는 믿음직한 명철함) 속에서 그가 보여주고 싶어하는 것과 반대되는 것을 보면서 내일에 대한 불확실성의 싹을 감지한다.

그는 이런 말을 했다.
"나는 남에게 의존하는 것을 좋아하지 않고 다른 사람들이 나에게 의존하는 것도 좋아하지 않습니다."
또 이런 말도 했다.
"나는 유세의 법칙과 자기 삶을 재발견하는 사람들의 법칙을 이해합니다."
그때그때 시기에 따라, 마음 한쪽에서는 존재들에게서 해방되기를 원하고 다른 한쪽에서는 확고부동한 위치를 점유하기를 원하면서 그가 얼마나 다양한 말들로 응수를 했겠는가.

5월 6일 일요일.
앙지앵 거리의 사무실 안. 니콜라의 형제들, 누이동생들, 아이들 등 서른 한 명의 가족들과 명사 몇 명이 와 있다.

나는 안락의자에 앉아 있는 그의 어머니 앙드레에게 말했다.

"부인, 당신 아들이 방금 전 공화국의 대통령으로 당선되었어요. 나는 오 분 전부터 당신을 보고 있는데, 당신은 침착하고 말수가 거의 없으시군요."

그녀가 대답했다.

"오, 당신이 이해할지 모르겠지만, 내가 가장 감격스러웠던 날은 니콜라가 뇌이 시장으로 당선된 날이었어요. 그때 그 아이는 겨우 스물일곱 살이었거든요."

나는 그날 내가 수첩에 적은 것들을 다시 읽어본다. 방에는 사람들이 꽉 들어찼다. 알랭 쥐페가 도착했을 때 니콜라가 엄명을 내렸다. 장갑을 끼지 말고, 너무 기쁨에 겨워하지 말고 결과를 발표하라고.

"상황이 좋은 국면을 띠었습니다. 프랑스 국민은 우리에게 신뢰를 보냈습니다."

그는 안정된 목소리로 발표문을 낭독했고, 정치인들에게 충고를 했으며, 어깨가 무거워지는 것을 느낀다고, 우리는 약속을 지킬 거라고 말했다.

"우리는 이제 정권을 가졌습니다. 거만하게도 무능하게도 보이지 않도록 주의합시다. 프랑스 국민들은 새판짜기의 명수들입니다."

사무실은 칵테일 파티장으로 탈바꿈했다. 그들이 초대한 사람들, 들어오지 못하고 문 앞에서 서성이는 사람들, 기계적인 포옹들. 그들은 사진을 찍기 위해 포즈를 취했고, 높은 목소리로 합창도 했다. 마침내 20시. 브라보가 울려 퍼졌다. 축하 촛불을 불어 끈 직후 텔레비전에 사람들의 얼굴이 나타났다. 시라크의 아들이, 오마르 봉고(Omar Bongo Ondimba, 1935~, 현 가봉 대통령—옮긴이)("오마르, 당신을 포옹합니다.")가, 세골렌 루아얄("불쌍한 수다쟁이 여인, 나는 그녀의 말을 경청했지. 그녀는 칸막이 뒤에 바싹 붙어 숨어 있었어.")이 차례로 등장했다. 가보 홀로 가기 위해 파리를 가로질렀다. 오토바이 대원, 경찰, 사진사, 텔레비전 방송 카메라, 흥에 겨운 추종자들이 그를 따라왔다(비현실적이게도 나 역시 그들 속에 있었다). 그는 그 온갖 야단법석을 겪어낸 뒤 깊은 생각에 잠긴 얼굴로 가보 홀의 유리창을 통해 모습을 드러냈다. 그는 프레데릭 델라 발과 포옹을 나눴다("내 친구, 내 형제."). 그는 프레데릭 델라 발에 대해 나에게 이렇게 말했었다. "그는 말수가 없어요." 니콜라의 아들들인 피에르와 장은 눈물을 보였다. '푸케'에서의 사교생활, 휴대폰으로 통화를 하면서 격분했던 일, 콩코르드 광장에서 보낸 추웠던 밤들이 머릿속에 떠올랐다. 그들은 내가 이해하지 못하는 것들에 대해 축하 인사를 나눴다. 소문들에 대한 애석함, 사람들 사이를 가로막는 장벽들, 흥분 속에서 길을 잃고 헤맸지만 아직 도달하지 못한 인간의 기다림.

대장이여, 승리와 미덕은 거짓말이다.
(……)
모든 것은 오래 전에 끝났다. 모든 것은 몽상일 뿐이다.
그대를 거꾸러뜨려야 했던 검劍은 붉은 녹이 슬고 부식되었다.

그대의 허무는 우리 모두의 허무를 닮았다.
　　——호르헤 루이스 보르헤스,『크롬웰 군대의 어
　　느 대장의 초상肖像』

사뮈엘이 한 이야기.

"나는 환희에 겨워하는 군중이 매우 낯설게 느껴졌습니다. 지금도 그 군중이 낯설게 느껴져요. 나는 택시를 잡지 못했습니다. 택시들이 모두 사람을 태우고 있었어요. 나는 할 수 없이 둑 위를 걸었고 솔페리노 거리와 콩코르드 광장이 매우 가깝다는 것을 깨달았습니다. 그 둘 사이에 센 강이 있으니까요. 나는 위니베르시테 거리의 모퉁이에, '솔페리노'라는 이름의 카페에 도착했습니다. 그 카페는 문을 닫는 중이었어요. 극렬 사회당원들이 격한 기세로 거기서 나오고 있었죠. 그들은 말이 없었고, 눈빛은 공허했습니다. 나는 사람들의 환희에도 절망에도 공감이 가지 않았습니다. 모든 것이 낯설게 느껴졌어요. 교통수단이 딱 하나 눈에 띄었습니다. 도로의 쓰레기를 청소하는 청소차였죠. 솔페리노 거리는 마치 시장 바닥처럼 쓰레기들이 잔뜩 널려 있었습니다. 나는 생 제르맹 대로를 따라 다시 올라갔어요. '라틴 아메리카의 집' 앞에 또 다른 무리가, 좀더 세련된 무리가 있었습니다. 비쩍 마른 남작 같은 외모를 한 사람들이었지요. 그들은 분해서 어쩔 줄 몰라하고 있었습니다. 나는 배가 고파서 '립'에 갔지만 문이 닫혀 있었어요. 하지만 불은 켜져 있었죠. 마지막 손님으로 보이는 한 청년이 계산을 하고 있었고, 종업원들이 테이블을 정리하고 있었습니다. '되 마고'도 상황은 비슷했죠.

콩코르드 광장에서 나는 그와 함께 무대에 올라갔습니다. 나는 소리치는 군중을 잘 보려고 무대 뒤쪽으로 조금 물러났지요. 그때 당신도 군중을 보는 데 어려움을 겪었겠지요. 휘황한 조명 때문에 십 미터 앞밖에 보이지 않았을 거예요. 바로 그 순간, 나는 우리의 지도자에게 의무가 하나 있다는 생각이 들었습니다. 나는 그 임무가 매우 중요하다고 생각했어요. 나는 그때 그가 한 연설을 듣지 못했습니다. 연설 후에 도착했거든요. 나는 생각했어요. 그가 말을 통한 정치를 재창조해냈다고요. 하지만 이제는 행동에 돌입해야 한다고요. 행동할 수 있는 사람은 그분뿐이죠. 우리는 중산층의 요청에 응답했습니다. 하지만 그것은 사전절충일 뿐이었죠. 진정한 싸움은 이제부터 시작될 겁니다. 내가 고민하는 부분이 바로 이 부분입니다. 내가 그분에 관해 잘못 생각한 걸까요?

나는 내 능력을 인정받아 선택되었습니다. 그가 기술적 측면에서 올바른 일들을 감당할 정치적 용기를 갖고 있음을 깨닫고 나 역시 그를 선택했죠. 나는 1998년에 처음으로 정치라는 것에 눈을 떴습니다. 그때 나는 헌병이었지요. 우연히 폴 킬레스(Paul Quilès, 1942~, 프랑스의 정치인. 현재 코르드 쉬르 시엘의 시장이며 '미래의 좌파 클럽'을 이끌고 있다―옮긴이)를 만났는데, 그의 말 한마디가 나를 흔들어놓았습니다. '기술적 측면에서 올바른 것이 반드시 정치적으로 실현 가능한 것은 아니다'라는 말이었지요. 나는 에나(ENA, 국립행정학교. 프랑스 최고의 엘리트 양성기관으로, 고위급 관료를 많이 배출했다—옮긴이)가 아니라 생 시르 육군사관학교에 가고 싶었습니다. 프랑스를 구하기 위해서요. 우리는 희생에 높은 가치를 부여하는 교육을 받았지요. 그런데 어떤 사람이 무뚝뚝한 표정으로 희생은 정치적으로 실현 가능할 때에만 의미가 있다고 말했다고 생각해보세요. 그야말로 충격이었습니다. 나는 정치란 속박인 동시에 행운이라는 것을 깨달았습니다. 그리고 니콜라가 희생이라는 가치와 정치적 실현 가능성을 공존시킬 용기를 갖고 있다는 것도요."

니콜라는 며칠 동안 조용한 데로 떠나 휴식을 취할 거라고 말하지 않았다. 내각을 구성할 준비를 해야 했다. 신중하게 거리를 두어야 했고, 침착함과 냉정함이 필요했다. 수도사와 성당들을 가깝게 느낀다는 그가 급작스러운 변모를 뽐낼 것인가? 그는 수도원이나 조용한 곳에 가서 깊은 생각에 잠길 거라고 말하지 않았다.

결국 그는 몰타 섬 근처의 바다 위 길이 60미터짜리 요트 안에서 가족들과 함께 대하를 게걸스럽게 먹었다.

뤽상부르 공원. 흑인들과 백인들이 모여 있다. 나는 중얼거렸다. "저런, 유대인들도 있네."(나는 키파를 포마드를 발라 번쩍이는 머리카락쯤으로 여긴다.) 백인과 유색인종 계열의 혼혈인 한 명 그리고 우리의 대통령 당선자인 니콜라 사르코지도 있다. 몰타 섬에서 휴가를 보내 햇볕에 많이 그을린 그는 고위 공직자들과 함께 자크 시라크에게서 적당히 거리를 두고 서서 1794년 혁명의 노래인 〈흑인들의 자유〉를 듣고 있다. 그는 노예제도 폐지를 기리면서 이상하게 굳은 태도로 눈앞에 보이는 엮음장식을 물끄러미 바라본다.

현 대통령과 차기 대통령은 정오의 햇살 아래를 걸어가면서 참석한 사람들과 악수를 나눈다. 사르코지가 내게 손을 내밀었고, 나는 그의 손을 잡았다. 이제 그는 다른 사람이고, 나 역시 다른 사람이다.

이반이 한 측근이 귀띔해준 미테랑의 발언을 내게 들려주었다.
"최고 공직자가 되려면 그 일을 좋아하고 원해야 합니다."
이반은 그 발언에 대한 자신의 의견도 덧붙였다.
"물론 가장 중요한 것은 '원하는 것' 이지요."
미테랑의 말과 이반의 말의 진실성이 내 마음을 뒤흔들었다. 요 몇 달 동안 니콜라와 함께 하면서 나는 그가 그 과업을 진심으로 '원하는' 것을 알 수 있었다. 정치적 권력을 얻기 위한 욕망, 하지만 존재 전체를 투신해서는 안 되는 절충주의적 원칙들은 더 이상 그의 안에 존재하지 않는다. 그의 측근들은 내가 모르는 사이에 그의 모습을 새롭게 구성했고 그는 끊임없이 그것에 대해 아쉬움을 표현하고 있다.

포기라는 큰 대가를 치르고 뭔가를 원했는데, 그것이 더 이상 자신을 흥분시키지 않는다는 것은 이상한 일이다. 하지만 그는 어쨌거나 계속 그것을 원했다. 너무나 강력하게.

G.는 연기를 한다. 그는 타격을 입었고 상처받았다. 하지만 그는 또한 재미있어 한다.

나는 그에게 물었다.

"이제 당신 인생에서 무엇을 하고 싶죠?"

그가 대답했다.

"바로 그게 문제입니다."

왜냐하면 G.는 권력을 좋아하지만, 진심으로 원하는지에 대해서는 확신이 없기 때문이다.

그들은 지난 시간에 대해 이야기하고 있고, 나는 수첩을 뒤적이다가 다음과 같은 구절을 맞닥뜨렸다. "그렇다 해도 우리는 승리하고 말 겁니다." 맨 앞의 두 단어가 내 뇌리를 강하게 두드렸다.

'그렇다 해도' 그는 프랑스 공화국의 대통령이다.

그가 몰타 섬에서 돌아온 후 나에게 전화를 걸어왔다.

"당신을 포옹하고 싶어요, 야스미나. 이번 선거운동 동안 당신이 함께 해줘서 내가 얼마나 행복했는지 당신에게 말하고 싶어요."

나는 고맙다고 말한 뒤 덧붙여 물었다.

"당신 우리의 합의사항에 대해 기억하고 있나요? 내가 6월 말까지 당신을 취재하기로 한 것 기억해요?"

그가 대답했다.

"당신이 원하는 만큼 취재해요."

'또 다른 시대가 시작된다.' 필리프 리데는 《르 몽드》에 이렇게 썼다. 이제부터 니콜라에게는 로랑 없는, 장 미셸 없는, 프레데릭 없는, 그리고 엘로디 없는 생활이 펼쳐질 것이다.

조제 프레슈는 내게 말했다.

"왕자가 왕이 되면, 왕자가 우는 것을 본 사람들은 소금 광산으로 보내지는 법이죠."

나는 왕자가 우는 것을 봤던가?

5월 16일, 그가 엘리제 궁에 들어가는 날 나는 그를 다시 만났다.

엘리제 궁의 연회실 안, 초대객들이 커다란 샹들리에 아래에서 그를 기다리고 있었다. 최고행정재판소 회원들, 외교사절들, 회계검사원 회원들, 온갖 종류의 협회 회원들, 종교단체들, 기타 정치인들이 빽빽이 모여 있었다. 개인 자격으로 초대받은 사람도 있고, 가족 단

위로 초대받은 사람도 있었으며, 실업계 인사, 문화계 인사, 이름 높은 기자, 은퇴한 기자들도 있었다. 모두들 얌전히 참고 기다리고 있었다. 한 남자가 유독 눈에 띄었다. 그는 다른 사람들과 떨어져 서 있기는 했지만 그가 서 있는 위치 때문에 그런 것은 아니었다. 뺨이 움푹 팬 얼굴과 슬퍼 보이는 표정 때문이었다. 그는 지난 5월 6일의 2차 투표 결과를 선포하는 임무를 맡은 합헌심의회 회장 장 루이 드브레였다. 마이크 앞에 선 그의 몸은 비정상적으로 굳어 있었고 쓸쓸한 기색이 엿보였다.

글룩스만이 니콜라를 가리키며 내게 말했다.

"저분 얼마나 기쁨에 겨워하는지 좀 보세요. 저분은 자신이 기대하지 않았던 하나 된 프랑스를 보고 있어요."

세실리아가 아이보리색 프라다 드레스를 입고 모습을 드러냈다. 루이, 자기 딸들 그리고 그 딸들보다 나이가 많은 니콜라의 아들들과 함께였다. 그녀는 초대받은 손님들과 감격의 인사를 나눈 뒤, 아이들과 함께 단상에 놓인 연설대 오른쪽에 자리를 잡았다. 그녀는 아름다웠고, 아이들도 멋졌다. 금발의 아이들은 환하게 빛이 났으며, 사람들의 눈길을 받는 것에 행복해하고 있었다. 니콜라가 연설대 앞에 섰다. 드브레도 굳은 상태에서 빠져나오는 데 성공했다.

드브레가 입을 열어 말했다.

"……당신은 프랑스를 구현하며, 공화국을 상징합니다. 그리고 프랑스 국민 전체를 대표합니다……"

군 장성 한 명이 국가 훈장과 레지옹 도뇌르 훈장을 니콜라에게 수

여했다. 니콜라는 훈장이 담긴 커다란 상자를 받아들고 조금 얼빠진 듯한 표정으로 들여다보았다. 그리고 대통령으로서 최초의 담화문을 낭독하기 위해 연설문이 놓인 연설대 앞으로 가서 섰다.

"약속한 것을 존중해야 할 의무 그리고 약속한 것들을 지켜야 할 의무…… 노동과 노력, 공로, 존중심의 가치를 회복시켜야 할 의무……"

그가 선거유세 때도 했던 그 말들이 이상하게도 이제는 생명력을 잃고 굳어버린 것처럼 느껴졌다. '윤리…… 존엄……관용…… 정의…… 우애…… 사랑……' 스스로 서정적인 환상을 창조하는 성질이 있으며 경직된 형태로 나타나는, 자기들의 고결한 본질을 비워버린 그 단어들(공개적으로 니콜라를 지지한 내 친구 마르크는 다음날 나에게 의무와 존중심에 관한 그의 연설을 이 주 동안 들은 덕분에 내가 극좌파가 되어버렸다고 말했다). 이렇게 말해도 될지 모르지만, 그날 나는 생명력을 잃고 굳어버린 그의 연설이 그 호사스러운 장소에서 통하지 않을까 봐 걱정되었다. 커다란 정원이 되어버린 화단 앞에서 그의 존재 자체가 생명력을 잃고 굳어버릴까 봐 걱정되었다. 그날 그곳에서 프랑스의 대통령이라는 엄숙한 의무를 부여받은 사람, 그 엄숙한 의무의 집행자가 된 사람, 일련의 의무들이 하나씩 열거되는 것을 들은 사람은 그가 아닌 다른 사람 같았다. 하나 되어 반짝이는 행복하고 순종적인 사람들, 모든 것에 그리고 아무것도 아닌 것에 감사해하는 한 나라의 국민의 지지를 받는 다른 사람 같았다. 그는 아무에게도 아무것도 빚지지 않았고 그 사실을 알고 있었다. 그는 국가 수장으로서 자신의 첫 임기일을 향해 재빨리 달려가고 있었다. 자신의 새로운 총신과 함께 혹은 새롭게 지급된 총신들과 함께. 그는 오래된 성城 안에 사는 현대의 왕 같았다. 나는 이것이 성장을 차려입은 그를 가까이에서 관찰할 수 있는 마지막 기회라는 생각이 들었다. 그것은 곧 급작스러운 결말을 의미했다. '당신이 원하는 만큼 취재해요.' 천만에요.

14시, 파르네지나 식당. 나는 친구의 휴대폰으로 공화국의 새 대통령이 접이식 지붕이 달린 자동차를 타고 샹젤리제 대로를 내려오는 모습을 보고 있다. 오토바이 대원들에게 둘러싸인 채 일어서서 손을 흔들고 있는 그는 내 친구 장 피에르의 손 안에서 너무나 작아 보인다. 나는 사람들의 환호성을 듣기 위해 휴대폰에 귀에 바싹 갖다대야 했다.

"야스미나, 당신이 내일 메올트의 에어버스사에 갈 대표단의 일원이라는 것을 알려주려고 전화했어요."
나는 사양했다. 나는 전날 엘리제 궁의 사무국장이 된 클로드 귀앙에게 말한 것을 비서실장에게 한 번 더 설명했다. 나는 니콜라 사르코지를 따라다니는 일을 그만둘 거라고.

나는 텔레비전을 통해 대통령의 이번 순시 장면을 본다. 프랑스 영토 안에서의 첫 번째 '순시'다. 나는 대통령과 새로 재경부 장관이 된 장 루이 보를루가 비행기 조종석 안으로 걸어 들어가는 모습을 본다. 그들은 예전처럼 걸음을 멈추고, 조종장치를 관찰하고, 예전처럼 커다란 격납고 안에 있는 임금 노동자들에게 인사를 한다. 그는 예전처럼 노동조합의 테이블 앞에, A310의 모형 앞에 흥분한 표정으로 앉아 있다. 나는 내가 익히 알고 있는 그의 안면 근육 경련에 주목한다. 나는 그날이 매우 길고 얄궂었을 거라고 생각한다. 나는 내 집에서 그의 모습을 바라본다. 다른 모든 사람들처럼 그 영상과 생생한 소리를 텔레비전을 통해 보고 듣는다.

같은 날 저녁, 그의 새 비서실장이 내게 전화를 걸어와 대통령께서 나를 만나고 싶어하신다고 말했다.

"당신 기분이 어때요? 조금 슬퍼 보이네요, 아닌가요?"
나는 그의 집무실에, 엘리제 궁에 있는 공화국 대통령의 집무실에 그와 단둘이 앉아 있다. 보도 맞은편에 있는 내무부에서 우리가 처음으로 만난 후 거의 일 년이라는 시간이 흘렀다(이 말을 하자 그는 매우 흡족해했다).
"나는 시라크가 방치했던 수많은 속임수들을 척결했어요. 그 문제들은 말하자면 ~의 커다란 뿔 같은 것이었지요……" (그가 뭔가를 의미하려는 듯 몸짓을 했다.)

"코뿔소의?"

"아니에요…… 물속에 사는 녀석들이에요. 뿔이 하나 있는…… 뭔지 알겠어요?…… (나는 그 동물이 뭔지 모르겠다. 그 역시 그 단어를 생각해내지 못한다) ……커피 한 잔 할래요? 아니면 오렌지 주스?"

그가 쿠션이 있는 금빛 긴 의자에 앉았고, 나는 따로 놓인 금빛 의자에 앉았다. 우리 사이에는 낮고 좁은 중국풍의 테이블이 놓여 있었다. 모든 것이 금빛이었다. 커튼도 금빛이었고, 벽의 몰딩도 금빛이었고, 태피스트리도 금빛이었다.

내가 물었다.

"만족하시나요?"

"당신이 선택한 단어가 그것인가요?"

"나는 행복하시냐고 묻고 싶지 않아요."

"나는 평온합니다."

"평온하다, 그것 좋네요."

"그래요, 나는 마음속 깊이 만족합니다. 하지만 기쁘지는 않아요."

그가 두 다리를 앞으로 쭉 뻗었다. 나는 쿠션이 놓인 그 긴 의자가 그의 마음에 드는지 어떤지 알 수 없었다. 방 안에는 흰색과 분홍색 작약이 장식되어 있었다.

나는 입을 다물고 가만히 있었다. 나는 그에게 이렇게 물을 수도 있었다. '당신은 왜 나를 만나고 싶어했죠?' 하지만 나는 그렇게 묻지 않았다. 그는 나에게 이렇게 물을 수도 있었다. '당신은 왜 그만두고 싶어하죠?' 하지만 그는 그렇게 묻지 않았다. 그래봐야 무슨 소용이겠는가? 우리는 그 질문의 대답들을, 서서히 엷어지는 모든 형태의 설명들을 이미 알고 있다.

그래서 우리는…… 정치에 대해, 좌파에도 문을 활짝 연 새 정부에 대해, 이 사람 저 사람에 대해 이야기했다. 갑자기 그가 자리에서 일어나 창문 근처에 놓여 있는 등 없는 걸상 같기도 하고 머리맡 탁자 같기도 한 조그만 가구를 집어들었다. 그리고 아무 이유 없이 그것을 맞은편 벽에 가져다 기대어놓은 다음 돌아와서 자리에 다시 앉았다.

내가 말했다.

"당신이 방금 한 일 엉뚱하네요."

그가 응수했다.

"아, 그래요?"

그는 예전에 급한 일이 아무것도 없을 때, 비행기 안에서, 뭔가를 기다리면서, 숙소들에서 그랬던 것처럼 조용히 내게 미소지었다. 움직이지 않는다 해도 그것이 곧 죽음을 의미하지는 않는, 잠시 휴식을 취하는 장소일 뿐인 그 중간 기착지들에서 그랬던 것처럼.

그가 유리창을 통해 비어 있는 잔디밭을, 잔디밭 깊숙한 곳에 있는 물이 뿜어져 나오는 분수를 바라보며 나에게 말했다.

"나는 이 집무실에 과격한 방문객처럼 쳐들어왔어요. 나는 가만히 머물러 있는 사람은 아니죠."

G.가 니콜라 사르코지가 가야 할 도시들의 이름을 나에게 열거했다. 그것은 도시들의 이름이 아니라, 요일들의 이름, 날짜들의 이름, 평범함의 허탈감에서 벗어나기 위해 사람들이 고안해낸 끝없는 순환 속의 정착지들의 이름이었다. 선거, 조언, 회의, 그는 그곳들에서 그의 지위를 유지해야 한다. 미래를 부여하는 강렬한 조명 속에서 끈질기게 자신의 지위를 고수해야 한다. 왜냐하면 그에게 다른 삶은 없기 때문이다.

그는 무늬가 프린트되어 있는 넓은 벽지를 배경으로 하여 쿠션 딸린 긴 의자에 앉아 있다. 만약 그 모습이 흑백이었다면, 나는 디안 아르뷔스(Diane Arbus, 1923~1971, 미국의 사진가―옮긴이)가 즐겨 찍는 주제인 하늘을 배경으로 혼자 있는 의기양양한 소년의 이미지를 생각했을 것이다. 잘 재단된 하얀 셔츠 밑에 있는 그의 어깨는 조금 처졌고, 관심을 끌려는 노력 없이 조용하게 방치되어 있다. 나는 아르뷔스의 특별한 사진첩인 『폭로』를, 꽃무늬가 수놓인 긴 의자 위에, 공원 벤치 위에, 빈 침대 가장자리에 몸을 파묻은 채 아무것도 기다리지 않는 고독하고 연약한 인생들의 편집물을 마음속으로 한 번 더 뒤적였다. 장신구와 볼썽사나운 치장, 요란스러운 머리 모양에도 불구하고 그들은 고독해 보인다. '바로 그거야. 사람들은 어제에 대한 추억의 단편들을 마음속에 간직한 채 아무것도 기다리는 것 없이 어떤 장소에 존재하는 거야.'

디디에는 이런 말을 했다.

"여자들에게는 춤을 추는 행복이 있지요. 하지만 우리 남자들에겐 아무것도 없습니다. 우리는 원격조종을 받습니다. 우리는 눈썹 그리는 연필도 없고, 화장품 가방도 없어요. 아름답게 꾸미기 위한 도구라고는 전혀 없지요. 그것은 여자들의 물건이에요. 우리는 권태의 물결에, 시간의 흐름에 훨씬 더 취약합니다. 그래서 미친 사람처럼 방어물을 구축해야 하죠."

대통령은 볼일이 있어서 가버렸고, 나는 혼자 남아 있었다. 옆 사무실에 있는 앙리를 보고 싶었기 때문이다. 대통령은 상의를 걸쳐 입으면서 밖으로 나갔다. 급하게, 도망치듯 나갔다. 나는 그가 걸어가는 모습을, 주머니 안에 휴대폰이 있는지 확인하면서 마지막 인사를 하기 위해 뒤를 돌아보는 모습을, 가볍게 다리를 절뚝거리며 문 밖으로 사라지는 모습을 지켜보았다. 나는 속으로 되뇌었다. '금빛 안락의자의 등받이에 걸쳐놓았던 상의를 집어들자마자 발걸음을 빨리하면서. 어딘지 모를 곳으로 달아나기 위해 한쪽 팔을 상의 소매 속에 집어넣으면서. 자신의 삶을 증명하려고 조바심을 내면서.' 그는 밖으로 나가야 한다, 벽들에 둘러싸인 상태를, 벽들의 조용한 술책을 피해야 한다.

그가 사라지기 전에 나는 이렇게 말했다.
"당신에게 한 가지 부탁을 해도 될까요?"

"좋아요."

"나는 당신이 결코 원하지 않았던 것을 나에게 허락해주기를 원해요."

"그게 뭡니까?"

"사실적인 대화요."

6월 2일 토요일.

"어서 오세요. 어서 와요, 야스미나!"

나는 다시 니콜라의 집무실 안에 와 있다. 그가 창문을 닫았다.

내가 말했다.

"나는 이 방에 발코니가 있다는 사실을 미처 주목하지 못했어요."

"나도 마찬가지입니다."

나는 지난번과 같은 자리에 앉았다.

그리고 그도 지난번과 똑같은 쿠션 있는 긴 의자에 앉았다.

그가 말했다.

"지금 나는 불행하다고는 할 수 없겠네요…… 당신 덕분에 중책에서 벗어나 있으니까요……"

그는 청바지 차림이다. 그는 이야기를 하면서 하얀 손수건으로 자기 손목시계를 닦는다.

그가 말했다.

"승리한다는 것은 기분 좋은 일이죠. 내 직업은 뭔가를 결정하는 것이에요. 나는 사람들을 기쁘게 하는 내 능력에 대해 퍽이나 걱정이 많았습니다."

나는 속으로 생각했다.

'그가 쿠션 있는 저 의자에 익숙해졌군. 그는 상투성과 불편함에 만족하고 있어.'

조용한 집무실 안, 내 무릎 위에는 수첩이 얌전히 놓여 있고 그 어떤 돌발사건도 일어나지 않는다. 모든 말이 위축된 채로 내 입 밖으로 나온다.

나는 조용한 집무실 안에 그와 마주 보고 앉아 조용히 손을 움직여 수첩에 메모를 하고 있다.

그가 말했다.

"신문들이 그것에 대해서만 이야기할 때는 확실히 축복받은 상황은 아니었습니다. 나는 그렇게 생각해요."

나는 자신의 임무에 열중하고 있는 그의 얼굴을 바라보았다. 그의 얼굴은 롤렉스 시계의 시곗줄 위로 숙여져 있고, 내가 부탁한 대로 진정성 있는 표현을 사용하려고 애쓰고 있다. 진지한 사람으로서 존재하려는 열심이 엿보인다. 내가 여러 달 동안 보아 잘 알고 있는 번드르르한 겉치레, 기분 좋은 태도, 잘 웃는 습성에도 불구하고, 경박함은, 과장된 기쁨의 표현은 흔적도 찾아볼 수 없다.

사실 맨 처음 취재 요청을 하면서 나는 그가 거절할 거라고 예상했고, 이야기가 잘된다 해도 그 자리에서 흔쾌히 동의하지는 않고 생각해보겠다고 답변할 거라고 예상했다. 하지만 그는 흔쾌히 내 취재 요청을 받아주었고 나는 그것에 대해 그에게 감사했다. 그때로부터 벌써 일 년이 지났다. 나는 내가 수첩에 한 최초의 메모들, 그 예언적인 예측들을 다시 읽어본다. '2006년 6월 22일 아장, 분장―휴대폰―보안―속력―움직이지 않는 시간이 없음―당장 시간을 내는 경우는 사진을 찍기 위한 경우를 제외하고는 일 초도 없음―어린아이 같은 면―초콜릿―과일 젤리―우물거리는―우물거리는―웃는.'

"나는 살고 싶습니다."

그가 최후의 '사실적인 대화' 도중에 말했다.

나는 물었다.

"그게 무슨 뜻이죠?"

그가 당선된 다음주 《파리 마치》에 2001년 11월에 찍은 것으로 추정되는 그의 흑백 사진이 한 장 실렸다. 베줄에서 자전거를 타고 있는 사진이었다. 사이클 선수들이 입는 팬츠를 입고, 불룩하게 부푼 K-웨이 옷 속에 목까지 파묻힌 그는 목표지점을 향해 달리고 있다. 그는 미소를 띠고 있다. 남의 시선 따위에는 신경 쓰지 않는, 놀라울 정도로 즐거운 미소다(시선을 끌 만큼 우아하지는 않지만 보는 사람을 기분 좋게 하는 어린아이들의 미소와 같은). 그는 페달을 밟는다.

그는 달려간다. 그는 그 외의 다른 것에 대해서는 아무것도 알고 싶어하지 않는다. 나는 '사실적인 대화'에서 아무것도 끌어낼 수가 없다. 글을 쓰기 위해 억지로 뭔가를 끌어내고 싶지 않다. 토요일, 청바지 차림으로 쿠션 있는 긴 의자 위에 앉아 있던 그. 손수건으로 시계를 닦던 일. 엷은 조명이 밝혀진 가운데 그가 했던 몸짓들이 말보다 더 많은 것을 나에게 알려주었다.

사람들은 말한다. 경이로운 사건들을 많이 겪은 오디세우스가
초록빛의 수수한 이타카를 보며 사랑 때문에 울 거라고.
경이로운 사건들이 예술이 아니다.
초록빛 영원인 이타카가 바로 예술이다.
—보르헤스

어느 날, 마르세유로 가는 길에서 파트릭 드베지앙이 나에게 이렇게 말했었다.

"권력은 지평선과도 같습니다. 가까이 다가갈수록 멀어지지요. 하지만 산 뒤에 있는 풍경을 봐야 합니다. 아마도 그것이 바로 오디세우스의 여행이겠죠. 오디세우스처럼 자신의 근원들을 찾아 떠나야 해요. 대통령 선거는 바로 오디세우스의 여행이에요."

나는 그 솔깃한 말을 내 수첩에 적어놓았다.

하지만 대체 무엇의 근원이란 말인가? 망각이나 무심함의 근원은 아닐 것이다. 이제는 과거의 날들도 장소들도 남아 있지 않다. 그는 말했었다. "나는 내 과거가 낯설게 느껴져요." 그는 아무것도 아닌 땅에서, 형편없는 땅에서 태어났다. 그리고 영원한 이타카 같은 것은 없다. 훨씬 덜 초록빛이고 덜 수수한 것일지라도. 하지만 나는 이해한다. 우리가 이타카에 대한 동경을 가질 수 있다고. '보는 것, 그것은 자신의 땅에서 높이 올라가는 연기일 뿐이다…… 조국과 부모보다 더 다정한 것은 아무것도 없는 만큼 더욱 그렇다.' 호소할 데 없는 동경. 산 뒤에는 경이로운 사건들이 일어났던 시간에 대한 기억이, 찬란함에서 달아나는 흔적들이 있다. 하지만 거기에는 연기도 없고 초록빛 초원도 없다. 뭔가가 존재하는지조차 확실하지 않다.

내 수첩 속에서는 갖가지 사건이 연이어 나타나고 뒤섞인다.
단조로운 열광들. 하지만 바로 거기서 역사가 씌어진다.
비극 속에는 장소가 존재하지 않는다. 시간도 존재하지 않는다.
새벽이기도 하고, 저녁이기도 하고, 혹은 밤이기도 하다.

감사의 말

니콜라 사르코지가 내게 허락해준 자유에 대해 큰 감사의 마음을 전한다.
이 프로젝트에 동의해준 세실리아 사르코지에게 감사한다.

로랑 솔리에게 특별히 감사한다.

엘로디 그레구아르에게도.

장 미셸 구다르, 사뮈엘 프랭강,
프랑크 루브리에, 피에르 샤롱에게 감사한다.

다비드 마르티농, 미셸 베스나르와 그의 팀에게 감사의 말을 전한다.
위그 무투에게도.
여기서 이름을 말할 수 없는 그리고 지난 몇 달 동안 파리에서 혹은 여러 출장지에서 나를 걱정해주신 모든 분에게 감사한다.

　내 휴대폰과 선글라스, 화장 가방 등을 이리저리 찾아야 했던 모든 불행했던 분들에게 감사한다.
　이번 선거운동 때 니콜라 사르코지를 따라다녔던 모든 기자들과 사진사들, 비밀 엄수에 대한 내 욕심을 존중해주었던 그들에게 감사한다.

　마지막으로, 대화로 나를 격려해준 내 친구 니콜 가르시아에게 결코 작지 않은 감사의 마음을 전하고 싶다.

□ 옮긴이의 말
권력을 갈망하는 사람의 내면 풍경

    니콜라 사르코지는 요즘 세계적으로 많은 관심과 주목을 받고 있는 정치인이다. 지난 2007년 5월 제18대 프랑스 대통령에 당선된 이래, 그는 갖가지 이슈로 하루가 멀다 하고 신문과 방송에 등장하고 있다. 프랑스 안에서는 교육 개혁, 공공부문 대수술, 세제 개편 등 대대적인 개혁정책을 펼쳐 "나폴레옹 이후 가장 에너지 넘치는 지도자"라는 평판을 얻고 있으며, 대외적으로는 미국을 견제해왔던 과거 프랑스 대통령들과는 달리 미국과의 우정을 강조하고, 미국에서 여름휴가를 보내며 부시 대통령과 사적인 우정을 다지는 등 전임자들과는 다른 방식의 외교활동을 벌이고 있다.

    사르코지에 관한 뉴스는 비단 정치적 이슈에만 국한되지 않는다. 결별설이 나돌았던 아내 세실리아와 지난 가을 정식으로 이혼을 발표했으며, 최근에는 슈퍼모델 출신의 가수 카를라 브루니와 이집트에서 휴가를 즐기는 모습이 파파라치들의 카메라에 잡히기도 했다. 어쨌거나 샤를 드골 이후 가장 인기 있는 대통령이라는 명성에 걸맞게 프랑스에서는 그에 대한 뉴스가 보도되지 않는 날이 거의 없을 정도여서 일주일 중 하루라도 사르코지 관련 뉴스를 내보내지 않는 날을 정하자는 우스갯소리까지 나돈다고 한다.

최초의 이민자 출신 프랑스 대통령인 사르코지는 대부분의 프랑스 엘리트 정치인들과는 달리 ENA(국립행정학교) 출신이 아니고, 전통적으로 좌파가 강한 프랑스에서 소장파로서는 드물게 중도 우파적 성향을 지닌 정치인이다. 그는 22세에 지방의회 의원이 되고 28세에는 역사상 최연소 시장이 되고, 34세에는 국회에 진출하는 등 그 누구보다 초고속의 성장과정을 밟아왔다.

그런 니콜라 사르코지를 프랑스의 희곡작가이자 배우인 야스미나 레자가 일 년 남짓한 기간 동안 아주 가까이서 관찰했다. 그 일 년은 사르코지가 대중운동연합의 대선후보로 결정되기 전부터 대통령으로 당선된 직후까지의 기간이다. 대권을 앞두고 치열하게 선거운동을 펼치는 사르코지를 그림자같이 따라다니며 저자는 그의 일거수일투족을 살펴보았다. 때로는 기자들의 출입이 통제된 공간까지 들어갔다. 그러나 그 일 년 동안의 관찰 보고서인 이 책은 예상과 달리 정치적 시각에서 다소 비껴나 있다. 저자 자신이 밝힌 바와 같이 책의 관심은 정치적 상황보다는 오로지 '인간 사르코지'를 향해 있다.

저자가 우선 주목하는 것은 '끊임없이 움직이는' 사르코지의 행동가적 면모이다. 다혈질이고, 남의 말을 진득하게 경청하지 못하며, 회의중에나 연설을 할 때 쉴새없이 다리를 움직이는 버릇 등이 저자의 촉수에 잡힌다. 참모와 함께 연설문을 작성하며 말싸움을 하는 장면이나 참모들을 혹독하게 독려하는 모습, 여러 단체와 기관을 의무적으로 방문하면서 지루해하는 모습, 선거운동용 광고를 찍을 때 귀찮아하는 모습, 군중의 열렬한 환호에 피곤해하는 모습 등도 여과되지 않고 생생하게 전달된다. 자신이 정적으로 여기는 인물과 저자가 즐겁게 대화를 나누자, 화제를 다른 데로 돌려 대화에 훼방을 놓고 통쾌해하는 인간적인 모습도 소개된다. 저자는 때때로 사르코지에게 곤란한 질문을 던지기도 하고, 그와 함께 철학적·예술적 소재에 대해 짧은 한담을 나누기도 하고, 흥에 겨워 함께 춤을 추기도 한다.

대통령이 된 후, 엘리제 궁의 대통령 집무실에서 저자와 사르코지가 나누는 대화가 인상적이다. "만족하시나요?"라는 저자의 질문에 사르코지는 "마음속 깊이 만족한다"고, 하지만 "기쁘지는 않다"고 대답한다. 그는 왜 그렇게 대답했을까? 대통령으로서 수행해야 할 중책을 앞두고 부담을 느낀 탓일까? 아니면 그 자신이 말했듯이 유리한 때가 오기를 꿈꾸었고 실제로 그런 때를 맞이했지만, 막상 흥분이 되지 않아서일까? 어쩌면 저자는 이 대화를 통해 권력을 갈망하던 한 사람의 내면 풍경이 그것을 손에 넣으면서 어떻게 변화하는지 말하고 싶었는지도 모르겠다.

이 책은 현 프랑스 대통령의 인간적 면모라는 특별한 소재와 저자의 색다른 접근방식으로 프랑스 사회와 출판계에 비상한 관심을 불러일으켰다. 초판만 10만 부를 찍는 기염을 토했으며, 어떤 사람들은 이 책을 소설에만 수여되는 상인 공쿠르 상 후보로 점치기까지 했다고 한다. 출간 직후에는 책 속에 소개된 브르타뉴 지방 사람들을 무시하는 듯한 사르코지의 발언이 문제가 되어 엘리제 궁에서 공식성명을 발표하는 해프닝도 있었다.

  이 책을 번역하는 동안 우리나라도 대선을 앞두고 여러 후보들의 막판 선거운동이 한창이었다. 이 책을 집필하기 위해 사르코지에게 취재 요청을 할 때, 저자는 단칼에 거절당하거나 생각해보겠다는 미온적 답변을 받을 거라 예상했지만, 뜻밖에도 사르코지가 그 자리에서 흔쾌히 수락했다고 한다. 우리나라의 유력 대선후보에게 똑같은 요청을 했다면 어떻게 되었을지 잠시 상상해본다.

                                          2008년 1월   최 정 수